Wolfgang Oberndorfer

ROM UND NATURWISSENSCHAFTER
TICKEN ANDERS

Wolfgang Oberndorfer

Rom und Naturwissenschafter ticken anders

Ein Beitrag zum katholischen Glauben
im Lichte der Aufklärung

Mit einem Vorwort von
Prof. Dr. Hubert Feichtlbauer

ISBN 978-3-86557-281-3

© NORA Verlagsgemeinschaft Dyck & Westerheide (2011)
Torstr. 145, 10119 Berlin
Tel.: 030 20454990   Fax: 030 20454991
E-mail: kontakt@nora-verlag.de
Web: www.nora-verlag.de
Alle Rechte vorbehalten
Druck: GGP media on demand, Pößneck
Printed in Germany

Inhalt

Vorwort		7
1	Einleitung	11
1.1	Motivenbericht	11
1.2	Danksagung und Hinweise	15
1.3	Kapitelüberblick	16
2	Kosmische Evolution – Die Entstehung der Welt	20
3	Biologische Evolution – Die Entstehung des Menschen	25
4	Kirche und Vertrauensverlust	30
4.1	Fehlleistungen	30
4.2	Strukturelle Defizite	36
4.3	Vertrauensverlust	38
4.4	Positive Aspekte	38
5	GOTT	40
5.1	Der Schöpfergott	40
5.2	Der Menschengott	48
5.3	Der Gott mit uns	58
6	Gott und Mensch	64
6.1	Ursünde und Erbsünde	64
6.2	Die Gnaden-, Sünden- und Rechtfertigungslehre	66
6.3	Das Theodizee-Problem	70
6.4	Die Kommunikation mit Gott	76
6.5	Spiritualität	77
6.6	Nach dem Tod	79
7	Kirche	83
7.1	Glaubensquellen	83
7.2	Amtskirche und Papsttum	85
7.3	Sakramente und Eucharistie	91
7.4	Gemeinde und Liturgie	105
7.5	Maria	107
7.6	Engel und Teufel	111
7.7	Heilige und Selige	112
7.8	Wunder	112
7.9	Reliquien	116
7.10	Reformkatholizismus	118
7.11	Religionsvielfalt und Weltethos	121

8	ZUSAMMENFASSUNG	124
8.1	Kritik	124
8.2	Wesentliche Glaubensinhalte	125
8.3	Handlungsbedarf	126
8.4	Postscriptum	127
9	SCHLUSSBEMERKUNGEN	128
LITERATUR		130
Über den Autor		135

Vorwort

»Ich bin Atheist, weil man mit Wissen mehr über die Welt lernen kann als mit Glauben«, bekannte der Professor für Theoretische Physik, Heinz Oberhummer, jüngst in einem Zeitungsinterview. »Theologen sagen: Gott habe das Universum erschaffen. Aber wer hat Gott erschaffen? Theologen sagen, Gott erschuf sich selbst. Aber das hat das Universum auch getan, mit dem Urknall.« In diesen paar Sätzen eines Naturwissenschafters steckt das ganze Problem des Gegenübers von Wissenschaft und Religion.

Naturwissenschafter können in der Tat unglaublich viel Staunenswertes über die Welt berichten – aber können sie wirklich beweisen, dass das Universum sich mit dem Urknall »selbst erschuf«? Oder irren sie mit diesem Anspruch ebenso wie eine vom Vatikan eingesetzte Theologenkommission irrte, als sie 1616 schriftlich festhielt: »Dass die Sonne im Mittelpunkt der Welt steht (...), ist dumm und philosophisch absurd und formal häretisch, weil es dem Sinn der Heiligen Schrift widerspricht«? Der damit angezielte Nikolaus Kopernikus hatte mit der Veröffentlichung seines neuen Weltbildes klugerweise zugewartet, bis er auf dem Sterbebett lag und ihm kein Bannfluch mehr etwas anhaben konnte. Der arme Galileo Galilei aber, kein Ahnungsloser in puncto vatikanischer Häretikerverfolgung, warf sich auf die Knie, schwor allem Häretischen in der Lehre, die auch er vertrat, ab und kam mit strengem Hausarrest davon.

Wir wissen, wie die Causa endete: mit dem Auftrag Johannes Pauls II. (»Galilei hatte unter den Männern und den Behörden der Kirche viel zu leiden«) an die Päpstliche Akademie der Wissenschaften zu eingehender Untersuchung. Diese führte 1992 zu einer Rehabilitierung Galileis, weil »eine Frage der faktischen Beobachtung unpassender Weise in den Bereich des Glaubens verlagert worden war.« Eine späte Erkenntnis, zu der nicht zuletzt der Wiener Kardinal Franz König jahrelang gedrängt hatte und die zu der unausweichlichen Erkenntnis geführt haben sollte, dass es nicht wieder 350 Jahre dauern darf, bis die Kirche Irrtümer in der Beurteilung wissenschaftlicher Forschungsergebnisse zugibt.

In seiner Enzyklika »Fides et Ratio« vermerkte Papst Johannes Paul II.: »Der hl. Albertus Magnus und der hl. Thomas (von

Aquin) waren die ersten, die, obwohl sie an einer lebendigen Verbindung zwischen Theologie und Philosophie festhielten, der Philosophie und den Naturwissenschaften die nötige Autonomie zuerkannten.« Jedenfalls hat das Zweite Vatikanische Konzil vor bald 50 Jahren in Artikel 36 diese »Autonomie der irdischen Wirklichkeiten« in aller Form anerkannt und zu diesen ausdrücklich auch die Wissenschaften gezählt.

»Vorausgesetzt, dass die methodische Forschung in allen Wissensbereichen in einer wirklich wissenschaftlichen Weise und gemäß den Normen der Sittlichkeit vorgeht, wird sie niemals in einen echten Konflikt mit dem Glauben kommen, weil die Wirklichkeiten des profanen Bereichs und die des Glaubens im selben Gott ihren Ursprung haben,« lesen wir dort. »Deshalb sind gewisse Geisteshaltungen, die einst auch unter Christen wegen eines unzulänglichen Verständnisses für die legitime Autonomie der Wissenschaft vorkamen, zu bedauern.«

Zu dieser Erkenntnis hatte sich das oberste kirchliche Lehramt noch nicht durchgerungen, als Charles Darwin 1859 sein Werk »On the Origin of Species« herausbrachte. Die Lehre von der phasenreichen Evolution der Lebewesen von einfachen niedrigeren zu komplexeren höheren Formen wurde von Papst Pius IX. als »Widerspruch zur Geschichte, zur Überlieferung aller Völker, zu exakter Wissenschaft (!) und sogar zur Vernunft selbst« abqualifiziert. Die Päpstliche Bibelkommission glaubte noch 1919, dieses Urteil im Sinne einer Verteidigung von Gottes Sechs-Tage-Werk bekräftigen zu müssen. Bis zum heutigen Tag gibt es noch Hierarchen, die zwar die Evolution prinzipiell anerkennen, aber an der Schaffung jeder individuellen Seele durch Gott eisern festhalten, weil ihnen die Entwicklung des menschliche Geistes aus den Kräften einer lebendigen Materie unzumutbar erscheint.

Einer der großen kirchlichen Zusammendenker des 19. Jahrhunderts war der Jesuit, Theologe, Philosoph, Anthropologe und Paläontologe Pierre Teilhard de Chardin, der in allen seinen Werken eine Brücke zwischen Theologie und Naturwissenschaft zu bauen, ein Dach über beide zu spannen bemüht war und dafür von den vatikanischen Kirchenbehörden auch gehörig eingebremst wurde; aber das konnte den Kern seiner Lehre nicht mehr stoppen und verhindern. In der Konzilszeit vor einem halben Jahrhundert war er einer der meistgelesenen Autoren. Heute ist sein Stern wieder ziemlich verblasst, weil beide Seiten der Kontroverse Details seiner Weltsicht für korrekturbedürftig halten. Natürlich sind sie das. Auch Einsteins Relativitätstheorie hält der Weiterentwicklung des Denkens in manchem nicht stand. Aber Hünen des Geistes bringt man mit Federfuchserei nicht um. Beide waren Wissenschafter, beide glaubten an einen Gott und beide waren groß genug, um sich Bescheidenheit im Anspruch leisten zu können.

Diese Bescheidenheit sollten Theologen und Physiker, Geistes- und Gotteswissenschafter an den Tag legen, indem sie sich zu den Grenzen ihrer Disziplinen bekennen. Das würde beiden Seiten konfliktfreies Arbeiten ermöglichen. In dem Maß, in dem Theologen endlich die Notwendigkeit einer Berücksichtigung wissenschaftlicher Erkenntnisse einräumten, verfielen leider viele Naturwissenschafter neuerlich der Versuchung, das gesamte Universum von Körper und Geist, den Kosmos von materieller Welt und Spiritualität, mit den Werkzeugen ihrer wissenschaftlichen Disziplinen erforschen und erklären zu wollen. »Es gibt keinen Gott, weil der Urknall sich selbst erschaffen hat.« Oder Richard Dawkins mit seiner »God Delusion«: Die Zahl der Bewerber um einen Führungsplatz in einer naturwissenschaftlichen Vatikan-Behörde nimmt deutlich zu.

Demgegenüber nimmt aber auch die Zahl jener zu, die weiterhin unbeirrt an der möglichen Synthese unterschiedlicher Aufgaben und Zielrichtungen beider Forschungswelten arbeiten. Die Theologen sollten von den Naturwissenschaftern keine handfesten Gottesbeweise verlangen und die Naturwissenschafter den Theologen nicht unter die Nase reiben, es gebe keinen Gott, weil er mit wissenschaftlichen Methoden nicht nachweisbar ist. Ich denke dabei an ein Bild, das zwar wie alle menschlichen Vorstellungsbilder anthropomorph und damit anfechtbar ist, aber vielleicht doch eine Ahnung von dem geben kann, wovon wir hier reden.

Die Suche nach der Enträtselung des Kosmos (sagen die einen) bzw. der Schöpfung (sagen die anderen) gleicht in gewisser Weise der Freilegung einer riesigen übermalten Freskowand, deren Enthüllung die Rätsel der Welt offenlegen werde. Mehrere Arbeitsgruppen haben ihre Gerüste entlang der schier endlos langen Bildwand errichtet. Die einen legen immer mehr Details eines Schlachtengemäldes, die anderen die eines Konzertsaals bloß. Wieder andere kratzen den Blick auf einen Sonnenuntergang oder eine Wüste oder einen Geburtsvorgang frei. Jede dieser Gruppen wird versucht sein, das Wesen der Welt als Kampfgeschehen oder als Harmonie der Sphärenklänge, als Hinordnung auf Vergänglichkeit oder auf Sinnlosigkeit oder auf steten Neubeginn zu sehen. Keine enthüllt die ganze Wirklichkeit, keine hat bisher das Wesen der Welt irrtumsfrei erkennbar gemacht. Aber alle leisten – wie Naturwissenschafter und Theologen, Geisteswissenschafter und Biologen, Gesellschaftswissenschafter und Künstler – durch ihre Arbeit einen Beitrag dazu.

Erst wenn das Werk vollendet ist, wird die Welt enträtselt sein. Dann erst werden wir mit Bestimmtheit wissen, ob dieser Tag das Gericht Gottes oder ein neuer Urknall sein wird. Ich freue mich als wissensdurstiger Mensch über jeden und jede, die mit Sachkenntnis und Eifer, aber auch mit Demut und Geduld auf ihren Baugerüsten stehen – und hier und heute natürlich besonders über Wolfgang Oberndorfer.

Prof. Dr. Hubert Feichtlbauer

1 Einleitung

1.1 Motivenbericht

(1) Seit vielen Jahren beschäftige ich mich mit gesicherten und weniger gesicherten Forschungsergebnissen der Naturwissenschaften[1] und entdeckte unüberbrückbare Differenzen zum Glauben, wie er uns von der katholischen Kirche gelehrt wird. Je mehr ich nachdachte, desto mehr entdeckte ich, dass viel von dem Glauben, wie er uns von der katholischen Kirche gelehrt wird, unvereinbar mit rationalen Überlegungen ist. (Der guten Ordnung halber halte ich fest, dass auch andere Religionen an Geschichten und Legenden hängen, die schlicht und einfach aus naturwissenschaftlicher Sicht bzw. bei historisch-kritischer Analyse von Schriften nicht haltbar sind.)

(2) Die folgenden Überlegungen sind meine persönlichen Gedanken über das, was wesentlicher Inhalt des katholischen Glaubens ist, und wie das mit den naturwissenschaftlichen Erkenntnissen, im Sinne der Aufklärung, verträglich gemacht werden kann. Bei aller Kritik an der von der katholischen Kirche tradierten Glaubenslehre habe ich einen felsenfesten Glauben, stehe ich voll und ganz zu den wesentlichen Glaubensinhalten und zu dieser Kirche mit all ihren Fehlern, und grundsätzlich zur Führung und Leitung dieser weltumspannenden und global vernetzten Kirche durch einen Papst. Daraus ergeben sich nun drei voneinander abgrenzbare Teile der Glaubenslehre:

(2.1) Die (unverzichtbar) wesentlichen Teile des katholischen Glaubens, die in keinem Widerspruch mit rationalen Überlegungen stehen können, weil sie eben wesentliche Glaubenswahrheiten sind, und die für mich durchgehend in keinem Widerspruch zu den Naturwissenschaften stehen dürfen.

(2.2) Unwesentliche (möglicherweise verzichtbar wesentliche) Teile des Glaubens, zu denen aus naturwissenschaftlicher Sicht kein Kommentar abgegeben werden kann, die sich aber möglicherweise einen auf rationalen Überlegungen basierenden kritischen Kommentar gefallen lassen müssen.

---

[1] Alle Wissenschaften, die sich mit der Erforschung der unbelebten und belebten Natur befassen, also Physik inklusive Astronomie, Chemie, Geowissenschaften, Biologie.

(2.3) Unwesentliche (möglicherweise verzichtbar wesentliche) Teile des Glaubens, die in Widerspruch zu den Naturwissenschaften stehen.

(3) Das Problem, das durch die mangelnde Akzeptanz der naturwissenschaftlichen Erkenntnisse in der Glaubenslehre entsteht, ist eines der Probleme, die dafür verantwortlich sind, dass der Kirche immer weniger Vertrauen in jene Teile ihrer Lehre, die von den naturwissenschaftlichen Erkenntnissen nicht berührt werden, entgegengebracht wird. Echte Glaubensinhalte und wissenschaftlich nicht haltbare Glaubensinhalte werden nicht differenziert und es wird ihnen daher pauschal Misstrauen entgegengebracht. Das Vertrauen in die Verkündigungskompetenz der Kirche wird systematisch ausgedünnt, die Menschen wenden sich von der Kirche ab.

Ich habe etliche gute mir sehr nahe stehende Freunde, die allesamt an eine Erlösung und ein Leben nach dem Tod glauben, aber ihr sittliches Wollen reduzieren auf den Dekalog (inklusive einer vernünftigen Sexualität) und die Botschaft Jesu in der Bergpredigt, die sie als den wesentlichen Teil seiner Botschaft sehen, auf das hinter beiden stehende Wertesystem und dessen Weitergabe an die Jugend. Was die katholische Kirche sonst noch von sich gibt oder tut, entlockt ihnen bestenfalls ein müdes Lächeln.

Andererseits fand ich, was ich nie erwartet hätte, dass bei so vielen Menschen, mit denen ich Gespräche über den katholischen Glauben führte, noch so viel Kindheitsglaube unverändert vorhanden ist und nie aufgearbeitet wurde.

So machte ich mich in diesem Buch daran, einerseits den Kindheitsglauben der Legenden und Wunder zu entkleiden, andererseits auf Spurensuche zu gehen und mich zu fragen: kann ich nicht noch etwas mehr aus der katholischen Glaubenslehre herausholen als jene, die nur mehr ein müdes Lächeln für die Kirche überhaben?

(4) Meine Überlegungen sind kurz und prägnant dargestellt und fußen auf der von mir gelesenen Literatur und zahlreichen Diskussionen mit ähnlich denkenden Naturwissenschaftern und Theologen.[2]

Manche meiner Überlegungen und Überzeugungen sind möglicherweise aus katholisch-theologischer Sicht Irrtümer. Damit

---

2 Eine hervorragende Zusammenfassung *Pauser*.

kann ich aber gut leben. Weil meine Überlegungen auf einem sorgfältig gebildeten Gewissen, sorgfältig recherchierten Tatsachen und schlicht und einfach auf rationalen Überlegungen aufbauen, halte ich mich an den Satz: »Der Christ ist einerseits dazu herausgefordert, die Bibel vor dem Hintergrund seiner Welterfahrung je neu auszulegen und umgekehrt seine Welterfahrung mit Hilfe der biblischen Darstellungen je neu zu deuten. Aus dieser permanent gelebten Spannung heraus gestaltet er – im Kontext der Kirche und mit Hilfe von Tradition und Lehramt – sein selbst zu verantwortendes Leben vor Gott.«[3]

»Die Autoritätskrise, in der wir stehen, zwingt uns ... zu fragen, worauf wir uns letztlich verlassen können. Wir werden also Glaubenssätze immer wieder auf persönlich nachvollziehbare Erfahrung und Überzeugung zurückführen müssen – auf innere Autorität also, bei allem Respekt für äußere.«[4]

(5) Ich bin ausgebildeter Bauingenieur, der sich in seiner beruflichen Laufbahn und wissenschaftlichen Tätigkeit transdisziplinär tief in die Wirtschafts- und Sozialwissenschaften und in die Rechtswissenschaften vertiefen musste und lernte, interdisziplinär zu denken und zu arbeiten. Die letzten 20 Jahre war ich wesentlich in die Streitschlichtung bei Großbauprojekten involviert, lernte, den jeweiligen Sachverhalt akribisch zu analysieren, die Voreinstellungen und Emotionen der jeweiligen Streitenden zu erkennen, und mit äußerster Sachlichkeit, Objektivität und Emotionslosigkeit an die von mir zu lösenden Probleme heranzugehen.

Ich bin kein Exeget und kein Theologe und kein Philosoph und kein Physiker und kein Biochemiker und kein Evolutionswissenschafter und schon gar kein Sexualpsychologe, deshalb gehe ich in diesem Buch auf wissenschaftliche Details nur so weit ein, wie ich meine, dass sie zum Verständnis meiner Überlegungen notwendig sind.

Das Problem mit den Exegeten ist, dass sie in ihren Forschungsergebnissen oft sehr weit divergieren und man gezwungen ist, dem einen oder dem anderen auf Grund der Verständlichkeit und Plausibilität seiner Ergebnisse einfach zu vertrauen. Als Richtschnur dient dabei »Was im jüdischen Kontext plau-

---

3   *WP*, Offenbarung, 3.2 Christentum, 26.3.11; erinnert mich an die Ausdrucksweise von Kardinal *Kasper*.
4   *Steindl-Rast*, 10.

sibel ist und die Entstehung des Urchristentums verständlich macht, dürfte historisch sein.«[5]

Das Problem mit den Theologen und Philosophen ist, dass sich ihre Überlegungen nicht wie in den Naturwissenschaften verifizieren oder wie in den Formalwissenschaften logisch beweisen oder wie in den Rechtswissenschaften deduktiv ableiten lassen. Die Theologen, die die Glaubenslehre in Rom formulieren, haben versagt, insofern sie teilweise noch immer unkritisch den mit Hilfe der mittelalterlichen Scholastik gefundenen, mit heutigen naturwissenschaftlichen Erkenntnissen nicht kompatiblen, Glaubenswahrheiten anhängen und damit naturwissenschaftliche Gesetzmäßigkeiten missachten. Sie sind nicht mehr die primären Auskunftspartner und Informanten über das, was »die Welt im Innersten zusammenhält«.[6] Das wird aus meinen Ausführungen klar hervorgehen. Doch auch »die Philosophie ist tot. Sie hat mit den neueren Entwicklungen in der Naturwissenschaft, vor allem in der Physik, nicht Schritt gehalten.«[7] Dies ist zweifellos etwas überheblich formuliert, trifft aber nur für Philosophen, die an den naturwissenschaftlichen Erkenntnissen »vorbeiphilosophieren«, zu, also z.B. nicht für Einstein und Heisenberg.

Bei der gegebenen weitgehend schwierigen Verständlichkeit fast aller Autoren, die sich mit der hier angesprochenen Materie beschäftigen, ist meine erklärte Absicht, ein leicht verständliches und lesbares Buch in der Sprache des 21. Jhd. für theologisch und philosophisch eher wenig vorgebildete, aber vernünftig denkende Leser zu schaffen. Interesse, Neugier und eine Portion gesunder Menschenverstand[8] sind die Voraussetzungen. Die meisten der im Literaturverzeichnis angegeben wissenschaftlichen Bücher sind in einer derartigen Sprache geschrieben, dass sie für die Leser, die ich vor Augen habe, schwer verständlich sind.

Die vorhersehbare Kritik, dass ich mich mit der Materie zu wenig gründlich beschäftigt und zu wenig wissenschaftliche Quellen verwendet habe und zu seicht schreibe, werde ich deshalb gerne aushalten. Wenn ich eine unzutreffende oder unhaltbare Ansicht vertrete, wäre mir das nachzuweisen.

---

5 *Theißen/Merz*, 29.
6 Ferdinand Reisinger, Keynote Theologie beim Symposium Gott. Natur. Zufall oder Wille? Der Vorort, Heft 1/September 2010.
7 *Hawking/Mlodinow*, 11.
8 *Steindl-Rast*, 111.

Ich gebe zu, dass die Arbeit an diesem Buch für mich einen großen Zuwachs an Wissen über meinen Glauben und an Verständnis meines Glaubens brachte. Etwas davon möchte ich eben den Lesern mitteilen. Ich lasse auch etwas von meiner Glaubenserfahrung hier einfließen.

1.2 Danksagung und Hinweise

(1) Mein Dank gilt allen, die sich bereit erklärten, das Manuskript zu lesen und mir ihre Gedanken dazu mitteilten. Es sind dies Toni Aigner SJ (er ist mein geistlicher Beistand und ich bedanke mich für die vielen Gespräche und Diskussionen, die ich mit ihm führen konnte; sie alle waren für mich eine große Hilfe bei diesem schwierigen Unterfangen), Ewald Benes (Physiker), Thomas Berti (Biologe), Johannes Daxbacher (Theologe), Dieter Fischer (Mechanik- und Materialwissenschaftler), Gerald Freihofner (Journalist), Christine Oberndorfer (Frau und Mutter mit Menschenverstand) und Alfred Pauser (Bauingenieur). In meinen vielen Gesprächen erfuhr ich, dass die Vorstellungen jedes Gesprächs- und Diskussionspartners von seinem eigenen Glauben nicht unterschiedlicher sein können. Darum versuchte ich nicht, dieses Buch mit Koautoren zu schreiben, sondern übernahm viele, mir brauchbar erscheinende Gedanken. So bestärkten mich die vielen Gedanken und Anregungen in meinem Ziel, die wesentlichen Inhalte des katholischen Glaubens herauszuarbeiten.

(2) Ich verwende den Namen Jesus, um ihn während seiner Lebenszeit zu bezeichnen. Ich verwende den Namen Christus, wenn ich vom erhöhten Jesus, der mit dem Vater und dem Hl. Geist in alle Ewigkeit lebt und herrscht, spreche.

Ich spreche vom Menschen, wenn ich den beseelten Menschen im Zeitraum bis zur Jetztzeit meine.

In der Wir-Form wird ausgedrückt, dass die betreffenden Aussagen, wie ich meine, für alle gläubigen Katholiken hunc et nunc gelten bzw. gelten sollten.

In der Ich-Form drücke ich persönliche Ansichten und Überlegungen aus.

(3) Die kirchliche Glaubenslehre wird der besseren Unterscheidungsfähigkeit halber in Arial geschrieben.

(4) Ich bin zwar Wissenschafter, habe aber mit dieser Arbeit nicht die Absicht, ein wissenschaftliches Buch zu verfassen. Das wäre doch vermessen. Überdies halte ich mich an vereinfachte Zitierregeln:
- Autoren in Kursivschrift sind Autoren aus dem Literaturverzeichnis; zur Unterscheidung mehrerer Bücher eines Autors wird zusätzlich das Publikationsjahr angegeben.
- Rückgriffe auf Wikipedia (*WP*) und Kathpedia (*KP*) werden mit Suchwort und Datum der letzten Änderung des Eintrags angegeben.
- Der Katechismus der Katholischen Kirche wird mit *KKK* abgekürzt.
- Wörtliche Zitate werden unter »« gesetzt.

Ganz allgemein habe ich das Problem, dass ich mir schon sehr vieles selbst überlegt hatte und bei der Lektüre so mancher Bücher bzw. Artikel in Zeitschriften erkannte, dass jemand anderer die gleichen oder sehr ähnliche Gedanken hatte.

(5) Ich ersuche zu entschuldigen, dass ich zur Vermeidung sprachlicher Ungetüme keine geschlechtsneutralen Formulierungen verwende. Mit der männlichen Form einer Personen- oder Funktionsbezeichnung ist ausdrücklich gleichzeitig die weibliche Form gemeint.

1.3 Kapitelüberblick

Das 2. Kapitel wird einen Überblick über den Stand der Wissenschaft, wie der Kosmos und die Erde entstanden, sich entwickelten und aufgebaut sind, geben.

Das 3. Kapitel wird analog einen Überblick über den Stand der Wissenschaft, wie sich auf unserer Erde das Leben und der Mensch bis zum homo sapiens entwickelten, geben.

Damit habe ich das Rüstzeug, welches ich benötige, um später Überlegungen auf gesicherter Basis anstellen zu können.

Im 4. Kapitel geht es mir darum, plausibel zu machen, warum die Kirche derzeit einen derartigen Vertrauensverlust hinnehmen muss. Ein Rückblick auf Fehlleistungen der Kirche in den letzten acht Jahrhunderten und die Aufspürung struktureller Defizite werde ich für meine Argumentation heranziehen.

Um nicht nur Negativa zu sagen, gehe ich am Schluss auf durchaus gewichtige Positiva ein.

Mit den Kapiteln 2, 3 und 4 ist der wichtige und hier relevante Sachverhaltsteil, auf dem meine Überlegungen aufbauen, abgeschlossen.

Das 5. Kapitel ist Gott und den für uns erfahrbaren Erscheinungsformen gewidmet: Gottvater als Schöpfergott, auf dessen Mitwirkung bei der Entwicklung von Erde, Leben und beseeltem Mensch bis heute ich nachfragend eingehe – dabei stelle ich teilweise Überlegungen an, die ich in der deutschsprachigen Literatur noch nicht entdeckte –; Christus als Menschengott, der uns die wesentliche Botschaft in Ergänzung zum Alten Testament gebracht hat und dessen Glaubensgeheimnis von Tod und Auferstehung ich versuchen werde zu erhellen; der Hl. Geist als Gott mit uns und um dessen schwierige Begreiflichmachung ich mich bemühen werde.

Nach der Verständlichmachung der drei Erscheinungsformen Gottes beschäftige ich mich im 6. Kapitel mit der Beziehung von Gott zum Menschen. Die wesentlichen Aspekte aus meiner Sicht sind dabei die Fragen: was war eigentlich die Ursünde und was soll sich ein neugeborener Winzling unter der Erbsünde vorstellen? Dann geht es um die geheimnisvolle Gnadenlehre (schwer zu verstehen), darum, was Sünde ist (angesichts der Botschaft Jesu leicht zu verstehen) und die Rechtfertigungslehre, in der die katholische Kirche 1993 eine große Wendung hin zu den reformierten Kirchen machte.

Um das Theodizee-Problem anzugehen, werde ich zwei Thesen aufstellen, als deren Konsequenz die Frage: warum lässt Gott dieses Leid zu? anders gestellt werden muss. Diese meine Überlegungen entdeckte ich bisher noch nicht in der deutschsprachigen Literatur.

In diesem Kapitel kommt noch die Kommunikation mit Gott zur Sprache (wieder leicht verständlich für alle, die reden wollen und können) und die Spiritualität, wo es mir auch um die Abgrenzung zur Esoterik geht.

Schlussendlich frage ich: was ist nach dem Tod? und ich werde die Neugierigen enttäuschen.

Das 7. Kapitel behandelt eine Vielzahl von Detailfragen, die im praktischen Leben eines Gläubigen, der in der Kirche mitlebt, immer wieder auftauchen. Da geht es um die Glaubensquellen und ihre mehr oder minder große Relevanz, um Amtskirche und Papsttum, Lehramt, Dogmen und Natur- und Göttliches Recht, alles weite Flächen, die einer Reformbeackerung bedürfen. Als Nächstes werden die Sakramente, ihre Wirkung und Bedeutung hinterfragt – da ist es von Vorteil, wenn man schon das Unterkapitel über die Gnaden-, Sünden- und Rechtfertigungslehre gelesen hat. Für den Zugang zur Eucharistie wähle ich einen systemwissenschaftlichen Ansatz, den ich in der deutschsprachigen Literatur bisher noch nicht entdeckte.

Als Nächstes beschäftige ich mich mit der Mutter Kirche. Letztere muss sehr wohl von der Amtskirche unterschieden werden, weil man manchmal den Eindruck gewinnt, dass schon diese beiden unterschiedlich ticken. In diesem Unterkapitel versuche ich auch, den Erfahrungsschatz in Erinnerung zu rufen, der in zwei Jahrtausenden christlichen Lebens angehäuft wurde und uns hilft, unser Leben in Hinblick auf den Nächsten und uns selbst, ganz allgemein in Hinblick auf die Solidargemeinschaft der Menschen auf dieser Erde, so zu führen, dass wir die Botschaft Jesu nicht nur erfassen, sondern auch umsetzen.

Was sollen wir von Maria halten? Das wird, angesichts der emotionalen Vorbelastung, auch schwierig. Leichter ist es dann mit den Engeln und dem Teufel, den Heiligen und den Seligen und den Reliquien, da sie nicht heilsrelevant sind. Das, was ich bei der Behandlung der Wunder herausbringe, wird manche überraschen; sorgfältige Recherchen lohnen sich meistens.

Zur Einstimmung auf das 8. Kapitel (Zusammenfassung) und 9. Kapitel (Schlussbemerkungen) bringe ich eine Geschichte:

> Eines Tages hält ein Zeitmanagementexperte einen Vortrag vor einer Gruppe Studenten. Er möchte Ihnen einen wichtigen Punkt vermitteln mit Hilfe einer Vorstellung, die sie nicht vergessen sollen. Als er vor der Gruppe steht, sagt er: »Okay, Zeit für ein Rätsel.«
>
> Er nimmt einen leeren 5-Liter Wasserkrug mit einer sehr großen Öffnung und stellt ihn auf den Tisch vor sich. Dann legt er ca. zwölf faustgroße Steine vorsichtig einzeln in den Wasserkrug. Als er den Wasserkrug mit den Steinen bis oben gefüllt hat und kein Platz mehr für einen weiteren Stein ist, fragt er, ob der Krug jetzt voll ist. Alle sagen: »Ja!«
>
> Er fragt: »Wirklich?«, greift unter den Tisch und holt einen Eimer mit Kieselsteinen hervor. Einige hiervon leert er in den Wasserkrug und schüttelt diesen, sodass sich die Kieselsteine in die Lücken zwischen den großen Steinen setzen. Er fragt die Gruppe wieder: »Ist der Krug

nun voll?« Jetzt hat ihn die Gruppe verstanden und einer antwortet: »Wahrscheinlich nicht!«

»Gut«, antwortet er, greift wieder unter den Tisch und bringt einen Eimer voller Sand hervor. Er leert Sand in den Krug zwischen die großen Steine in die Lücken zwischen den großen Steinen und den Kieselsteinen. Anschließend fragt er: »Ist der Krug jetzt voll?« »Nein!« ruft die Gruppe.

Nochmals sagt er: »Gut!«, nimmt einen mit Wasser gefüllten Krug und gießt das Wasser in den anderen Krug bis zum Rand. Nun schaut er die Klasse an und fragt: »Was ist der Sinn meiner Vorstellung?« Einer hebt die Hand und sagt: »Es bedeutet, dass egal wie voll auch mein Terminkalender ist, wenn ich es wirklich versuche, kann ich noch einen Termin dazwischen schieben.«

»Nein«, antwortet der Referent, »das ist nicht der Punkt. Die Moral dieser Vorstellung ist: Wenn du nicht zuerst mit den großen Steinen den Krug füllst, kannst du sie später nicht mehr hineinsetzen.«[9]

In diesen beiden Kapiteln bringe ich meine Antworten auf die Frage, was denn die großen Steine sind, die ich zuerst in einen Krug füllen muss, damit ein wohlgefügter und wohlgefüllter Krug mit Glaubensinhalt herauskommt.

Über die Literaturhinweise bekam ich wegen ihrer Vielseitigkeit schon manches Kompliment.

---

9 Mir mitgeteilt von meinem Freund Wilhelm Reismann.

2 Kosmische Evolution – die Entstehung der Welt[10]

Es ist heute unbestritten, dass gemäß Urknalltheorie (big bang) Materie, Raum und Zeit entstanden bzw. begannen. Nach dem neuesten Stand der Astrophysik geht man davon aus, dass das Universum (Sterne, das sind massenreiche, selbst leuchtende Gaskörper, und Planeten, das sind nicht selbst leuchtende Himmelskörper) aus einem sehr dichten Brei, dem sog. Urplasma – ein vierter, gänzlich neuer Aggregatzustand, der weder als fest, noch als flüssig oder gasförmig zu sehen ist – mit einer unendlich hohen Dichte, einer unendlich hohen Energiekonzentration bei unendlich hoher Temperatur und mit unendlich großer Ausbreitungsgeschwindigkeit seinen Anfang genommen hat. Möglicherweise ist alle Materie der Welt von heute aus elektromagnetischer Strahlung entstanden.[11]

Diesen Anfang, der einer kosmischen Explosion gleichzusetzen ist, gibt es nur als singuläres, das heißt einmaliges Ereignis, das realistisch nicht beschreibbar ist und die Gesetze der Newton'schen Physik außer Kraft setzt. Es fand vor etwa 13,7 Mrd. Jahren statt. Das charakteristische Kennzeichen dieser Singularität ist die Einzigartigkeit des Vorganges mit dem Ausgang von einem Punkt ohne Ausdehnung. Daraus folgt nun, dass eine Verifikation, also der naturwissenschaftliche Nachweis im Versuch, praktisch frühestens ab einer 100stel Sekunde nach dem Urknall, also außerhalb der Singularität, erfolgen kann. Mit dem Teilchenbeschleuniger beim CERN versucht man nun, Fragen im Rahmen der Standardtheorie für den Urknall beweisbar zu machen. Der Urknall (besser: Urblitz, weil sich der Schall im Vakuum nicht fortpflanzen kann) selbst aber bleibt nicht erfahrbar.

Exkurs: Aufbau der Materie.

Materie ist eine Sammelbezeichnung für Beobachtungsgegenstände der Naturwissenschaften, die Ruhemassen besitzen. Sie kann makroskopisch einen von drei Aggregatzuständen aufweisen: fest, flüssig, gasförmig.

---

10 Nach *Pauser*, zum Teil wörtlich übernommen.
11 *Kippenhahn*, 66.

Materie besteht aus Molekülen, das sind zwei- oder mehratomige Teilchen, die durch chemische Bindung zusammengehalten werden.

Ein Molekül besteht aus Atomen, die ihrerseits aus einer Atomhülle, in der die Elektronen (negativ geladen) kreisen, und einem Atomkern im Zentrum bestehen.

Ein Atomkern besteht aus Nukleonen, das sind Protonen (positiv geladen) oder Neutronen; beide sind aus noch kleineren Bausteinen (Quarks, Neutrinos, Leptonen) aufgebaut.

Exkurs Ende.

Als sich das Universum im physikalischen Sinn, konkret nicht im Raum, sondern mit dem Raum, mit Lichtgeschwindigkeit ausdehnte und bis heute ausdehnt, wobei wir nicht wissen, was außerhalb des Universums ist, und es in der Folge immer kühler wurde, kondensierten die subatomaren Teilchen aus dem Urplasma und es entstanden der Reihenfolge nach die verschiedenen Elementarteilchen, Protonen, Neutronen, Elektronen, Atomkerne, Atome, Moleküle, später dann die Elemente mit ihren chemischen Verbindungen – hier vor allem die leichtesten Elemente, nämlich Wasserstoff (in großen Mengen) und erst danach Helium.

Bei fortschreitender Abkühlung verdichteten sich die Gaswolken zu Sternen und in dem nuklearen Inferno, das im Inneren der Sterne wütete, kam es auf dem Weg über Kernreaktionen – darunter versteht man den physikalischen Prozess einer Kernspaltung bzw. einer Kernfusion – zur Bildung von Kohlenstoff, Sauerstoff und Stickstoff, das sind jene Elemente, ohne die es kein menschliches Leben geben würde.

Damit aber schwere Atome, wie z.B. Eisen, gebildet werden konnten, waren Supernova-Explosionen (eigentlich waren es Implosionen, das sind plötzliche Zusammenbrüche nach innen) Voraussetzung. Eine solche Explosion eines Sternes überstrahlte alle anderen Sterne einer Galaxie und die auf diese Weise erfolgte Freisetzung einer unermesslich großen Energiemenge hatte selbst für weit entfernte Planeten enorme Auswirkung. Diese Energiekonzentration drückte nämlich die ursprünglich in den Sternen vorhandenen einfachen Atome zu noch größeren und schwereren Atomen zusammen.

Im Laufe von Jahrmilliarden kühlte sich die Strahlung ab, sodass sie gegenwärtig nur noch als die sog. kosmische Hintergrundstrahlung nahe dem absoluten Nullpunkt von -273oC als »kümmerlicher Rest« der ursprünglichen, während des Urknalls vorhanden gewesenen Strahlung wirkt.

Unsere Sonne, die ein Teil der Milchstraße ist und ein Alter von etwa 4,55 Mrd. Jahren hat, ist ein Gasball mit 1,4 Mio. km Durchmesser, das entspricht etwas weniger als dem 110-fachen Erddurchmesser (etwa 12.760 km bei einem Umfang von 40.000 km). Aber selbst auf unser kleines Sonnensystem bezogen ist der Planet Erde ein Winzling verglichen mit dem größten der die Sonne umkreisenden Planeten, dem Jupiter, mit einem Durchmesser von 143.000 km.

100 Mrd. solcher Sonnen bilden in einer flachen diskusartigen (spiralförmigen) Scheibe als Sterne unser Milchstraßensystem, aber nur ein kleiner Teil dieser Sonnen wird von einem bis mehreren Planeten umkreist. Der Durchmesser des galaktischen Systems der Milchstraße beträgt 100 Tsd. Lichtjahre, eine unvorstellbare Größenordnung, wenn man bedenkt, dass ein Lichtstrahl bereits in einer Sekunde einen Weg von 300 Tsd. km zurücklegt. Nur um eine ungefähre Vorstellung von einem Lichtjahr (eine gebräuchliche astronomische Längeneinheit, definiert als Strecke, die das Licht als elektromagnetische Welle in einem Jahr zurücklegt) zu erlangen: Es ist dies der Weg von 9.500.000.000.000 (9,5 Billionen) km oder ungefähr 10^{16} m.

Ungefähr 100 Mrd. Galaxien von der Größe des Milchstraßensystems befinden sich allein in dem von uns beobachtbaren Teil des Kosmos. Eine Galaxie ist eine durch die Gravitation, das heißt durch die gegenseitige Anziehungskraft gebundene große Ansammlung von Sternen und Planetensystemen.

Damit unsere Erde so, wie sie ist, entstehen konnte, musste eine Reihe von Bedingungen gegeben sein:[12]
   (1) Günstige Eigenschaften unserer konkreten Umgebung (sog. Umweltfaktoren). Dazu zählen die nahezu kreisförmige Bahn der Erde um die Sonne und die Neigung der Erdachse. Diese beiden Faktoren sind für unsere Jahreszeiten und die relativ gleichmäßigen Temperaturen verantwortlich. Weiter zählen dazu das Verhältnis von Sonnenmasse und Erdenmasse und der Abstand der Erde von der Sonne. Diese beiden Faktoren sind dafür

---

12 In diesem Absatz folge ich *Hawking/Mlodinow*, 149-162.

entscheidend, dass wir auf unserer Erde habitable Lebensverhältnisse vorfinden, weil sie Wasser in flüssigem Zustand, welches für das Leben notwendig ist, bereitstellen.

(2) Entstehung der Elemente, insbesondere des Kohlenstoffes, der ja die Grundlage der organischen Chemie ist, und der schweren Elemente, in einer kosmischen Kette auf Basis der physikalischen Gesetze. Am Ende dieser Kette stehen genau die für unser Leben erforderlichen Elemente. Die Berechnung der Entstehung des Kohlenstoffes ab initio gelang übrigens erst mit Hilfe eines Supercomputers.[13]

(3) Feinabstimmung. In den physikalischen Gesetzen steckt eine Reihe von Konstanten, die genau unser Leben ermöglichen. Dazu gehören unter anderem das Gewicht der Protonen, die Masse jener Quarks, aus denen ein Proton entsteht und die kosmologische Konstante in Einsteins Gleichungen der Allgemeinen Relativitätstheorie.

Daraus schließen *Hawking/Mlodinow*, dass unser Universum und seine Gesetze exakt auf die Möglichkeit unserer Existenz zugeschnitten zu sein scheinen und kaum Spielraum für Veränderungen, wenn diese Möglichkeit nicht gefährdet sein soll, bieten. Ich werde am Beginn von Kapitel 5.1 nochmals darauf zurückkommen.

Die Erdgeschichte stellt sich, stark vereinfacht, wie folgt dar[14]:

Das Hadaikum, die vorgeologische Ära, dauerte von etwa 4,5 Mrd. bis 3,8 Mrd. Jahren vor unserer Zeitrechnung. Die Erde hatte noch keine feste Oberfläche, relativ bald zu Beginn löste sich der Mond von der Erde.

Das Archaikum dauerte von etwa 3,8 Mrd. bis 2,5 Mrd. Jahren vor unserer Zeitrechnung und war gekennzeichnet durch die Erdkrustenbildung und ein Absinken der Oberflächentemperatur auf unter 100°C. Erstes Leben entstand.

Das Proterozoikum dauerte von etwa 2,5 Mrd. bis 550 Mio. Jahren vor unserer Zeitrechnung; der Sauerstoffgehalt der Atmosphäre stieg durch Photosynthese stark an und komplexeres Leben entstand.

---

13 Die Presse 12.5.2011.
14 *WP*, Entstehung der Erde, 16.3.11, und Geologische Zeitskala.

Das Phanerozoikum dauert von 550 Mio. Jahren vor unserer Zeitrechnung bis jetzt und brachte das sichtbare Leben hervor. Es wird grob in drei Abschnitte unterteilt, nämlich in das Paläozoikum (Erdaltertum, 550 Mio. - 251 Mio. Jahre), Mesozoikum (Erdmittelalter, 251 Mio. - 65,5 Mio. Jahre) und Känozoikum (Erdneuzeitalter, 65,5 Mio. Jahre bis jetzt).

Die Einteilung in die einzelnen Zeitalter und Perioden orientiert sich an der Entstehung des Lebens und des Menschen, was im Kapitel 3 behandelt wird. Zusätzlich wurden aber jedem Zeitalter und jeder Periode geologische und klimatische Entwicklungsabschnitte zugeordnet, die mit der Entwicklung des Lebens in Wechselwirkung stehen, auf die aber hier nicht weiter eingegangen wird.

3 Biologische Evolution – die Entstehung des Menschen[15]

Es ist heute unbestritten, dass der Mensch nicht als solcher von Gott geschaffen wurde (»Kreationismus«), sondern sich aus der Tierwelt, konkret aus den Primaten heraus, durch Evolution und auf Grund von Vererbungsgesetzen entwickelt hat (biologische »Evolutionslehre«). Der Mensch ist ein Evolutionsprodukt wie alle anderen Arten auch, seine biologische und anthropologische Entwicklung ist nachvollziehbar.

Unter Evolution versteht man die Veränderung der vererbbaren Merkmale einer Population von Lebewesen von Generation zu Generation. Diese Merkmale sind in Form von Genen kodiert, die bei der Fortpflanzung kopiert und an den Nachwuchs weitergegeben werden:
- Durch Mutationen entstehen unterschiedliche Varianten dieser Gene, die veränderte oder neue Merkmale verursachen können. Diese Varianten sowie Rekombinationen führen zu erblich bedingten Unterschieden zwischen Individuen.
- Evolution findet statt, wenn sich die Häufigkeit dieser unterschiedlichen Varianten in einer Population ändert, diese Merkmale in einer Population also seltener oder häufiger werden. Dies geschieht entweder durch natürliche Selektion (unterschiedliche Überlebens- und Reproduktionsrate auf Grund dieser Merkmale) oder zufällig durch Gendrift, die jedoch nicht mit einer Höherentwicklung verbunden ist.[16]

Im Folgenden wird ein kurzer Überblick über den zeitlichen Ablauf der Menschwerdung gegeben, ohne dass auf biochemische Details eingegangen wird.

Nachdem unser Sonnensystem vor etwa 4,55 Mrd. Jahren, also etwa 9 Mrd. Jahre nach dem Urknall, entstanden war, fand die Wissenschaft folgendes heraus:

---
15 Nach *de Duve*, der 1974 den Nobelpreis für Physiologie und Medizin erhalten hat. Eine sehr gute Zusammenfassung auch in den Salzburger Nachrichten 23.4.2011.
16 *WP*, Evolution, 30.3.11.

Vor etwa 3,55 Mrd. Jahren ist Leben in Form von Mikroben (Bakterien) entstanden. Die Entstehung dieses Lebens geschah in einem bisher unbekannten chemischen Reaktionsweg unter bestimmten physikalisch-chemischen Bedingungen, vermutlich in heißen Vulkangewässern, die anorganisches Pyrophosphat und Schwefelwasserstoff enthielten.[17] Entscheidend war, dass in einer ersten Phase in einem chemischen Reaktionsweg RNA (Ribonukleinsäure) entstand. Letztere sind verdopplungsfähige informationstragende Moleküle, die in einer Zelle genetische Information in Proteine, das sind aus Aminosäuren zusammengesetzte Makromoleküle, umsetzt. Dieser Vorgang ist bis heute nicht reproduzierbar. In einer 2. Phase entstand in einem chemischen Reaktionsweg gemeinsam mit zufallsabhängiger Selektion, genauer: aus einer zufälligen Vielfalt, aus der sich dann durch Selektion eine bestimmte genetische Information durchsetzte, der sog. LUCA (»last universal common ancestor«). Das ist ein lebender Organismus mit den Merkmalen einer heutigen Zelle, nämlich Zellstruktur (DNA), moderner genetischer Code und ribosomal vermittelte Translation.[18]

Der Vitalismus ist die Lehre, dass Gott einen »Lebensgeist« in die Materie eingehaucht hat; sie wird durch obige Erklärung vorläufig nicht widerlegt.

Vor etwa 2 Mrd. Jahren entstanden dann Protisten. Darunter versteht man eukaryotische[19], zunächst einzellige Lebewesen, die bereits komplexere Zellen mit einem Zellkern, der das Genom enthielt, darstellten (z.B. Amöben). Der steigende Sauerstoffgehalt spielte dabei eine wesentliche Rolle.

Vor etwa 1 Mrd. Jahren tauchten vielzellige Lebensformen auf und es entstanden die ersten Pflanzen und bald darauf die ersten Pilze.

Vor etwa 600 Mio. Jahren ist die Entstehung der wirbellosen Tiere (Invertebraten) anzusetzen, denen vor 500 Mio. Jahren

---

17   de Duve erwähnt nicht das Miller-Urey-Experiment von 1953, mit dem die Hypothese, dass unter den Bedingungen einer postulierten Uratmosphäre eine Entstehung organischer Moleküle, wie sie heute bei Lebewesen vorkommen, bestätigt wird. Der Grund dürfte sein, dass es eigentlich nur den Beweis ergibt, dass die frühe Erdatmosphäre organische Moleküle in nicht zu vernachlässigender Konzentration enthielt. WP, Miller-Uredy-Experiment, 19.7.2010.
18   WP, Urvorfahr, 15.1.11.
19   Eukaryoten sind Lebewesen mit Zellkern, Kernmembran und mehreren Chromosomen. Letzteres unterscheidet sie von den Prokaryoten, die keinen echten Zellkern besitzen (z.B. Bakterien). WP, Eukaryoten, 23.3.11.

die Fische, vor 400 Mio. Jahren die Amphibien, vor 300 Mio. Jahren die Reptilien, vor 225 Mio. Jahren die Säugetiere und vor 150 Mio. Jahren die Vögel folgten.

Vor etwa 70 Mio. Jahren entstanden innerhalb der Säugetiere die Primaten, die heute etwas über 400 Affenarten in mehreren Ebenen umfassen und zu denen entwicklungsgeschichtlich auch die Hominiden (Menschenaffen) und der Mensch gehört.[20]

Vor etwa 7 Mio. Jahren entstanden die Hominiden, aus denen schließlich der Mensch hervorging. Die Entstehung der Menschheit in Afrika wird heute nicht mehr in Zweifel gezogen. Der älteste Fund ist der sog. Toumai-Mensch, der vor ca. 7 Mio. Jahren lebte und 2002 gefunden wurde.

Vor etwa 3 Mio. Jahren begann ein stetiges Anwachsen des Gehirnvolumens des Hominiden, bis er vor etwa 2,5 Mio. Jahre zuerst als Paranthropus (»nahezu Mensch«) und dann als Mensch (»homo erectus«) bezeichnet wurde. In diese Periode fiel der Übergang vom vierbeinigen zum zweibeinigen Gang, der unter den örtlichen Gegebenheiten einen Selektionsvorteil bot.

Eine erste Auswanderungswelle aus Afrika in die damalige Welt, etwa vor 2 Mio. Jahren, hinterließ zwar Spuren, aber keine Menschen, die bis heute überlebten. Die permanente Zunahme des Gehirnvolumens ging weiter und bescherte den Menschen geschicktere Hände, die zur Werkzeugherstellung genutzt wurden; ein weiterer Selektionsvorteil.

Eine zweite Auswanderungswelle aus Afrika begann vor etwa 500 Tsd. Jahren und brachte zuerst die Neandertaler hervor, die ebenfalls wieder ausstarben, und zwar vor etwa 27 Tsd. Jahren, und dann den homo sapiens, den einzigen Überlebenden des Abenteuers Menschwerdung. Nach dem aufrechten Gang und der Entwicklung des Gehirnvolumens stellen die Wanderungsbewegungen das dritte Stadium der Menschwerdung dar. Dabei hatten widrige Umweltbedingungen zweifellos wiederum großen Einfluss auf die natürliche Selektion.

Vor etwa 200 Tsd. Jahren ereignete sich im Herzen Afrikas etwas ganz Entscheidendes. Durch vergleichende Sequenzanalysen menschlicher Mitochondrien-DNA[21] ließ sich eine sog.

---

20 *WP*, Menschenaffen, 3.4.11.
21 Die Mitochondrien sind – in der überwiegenden Mehrzahl der Eukaryotenzellen, auch in denen des Menschen – die wichtigsten Zentren der oxidativen Energieproduktion. Sie sind ein winziges Kraftwerk, das außerhalb des Zellkerns in jeder Zelle sitzt. (Salzburger Nachrichten 21.4.11, 23.)

»Eva der Mitochondrien« rekonstruieren, eine einzige Vormenschenfrau, die damals irgendwo im Herzen von Afrika lebte. Ähnliche Untersuchungen am ausschließlich männlichen Y-Chromosom führten zu einem »Y-Adam«, der ebenfalls damals in Afrika zuhause war. Es geht hier allerdings nicht um ein bestimmtes Paar, sondern um zwei nicht genau bekannte Individuen, von denen man auf Grund theoretischer Berechnungen annimmt, dass sie zu einer Ausgangspopulation von ca. 5.000 bis 10.000 Menschen beiderlei Geschlechtes gehören. Der Y-Adam paarte sich mit ziemlicher Sicherheit nie mit der Eva der Mitochondrien.

Soweit *de Duve*. Aber definitiv ausschließen, dass sich der Y-Adam mit der Eva der Mitochondrien paarte, kann die Wissenschaft auch nicht.

Vor etwa 100 bis 50 Tsd. Jahren erwarb dann der Mensch die Fähigkeit der Sprache, eine weitere ganz entscheidende Eigenschaft. Der Cro Magnon-Mensch, der vor etwa 30 Tsd. Jahren lebte, war dann schon ein Mensch, so wie wir den Menschen uns heute vorstellen. Vor 10 Tsd. Jahren, als die Menschen die ersten dauerhaften Siedlungen gründeten, waren es etwa 5 bis 10 Mio. über die ganze Erde verstreut. Vor etwa 7 Tsd. Jahren wurde die Schriftsprache entwickelt. Seit dieser Zeit kletterte die Anzahl der Menschen unaufhaltsam auf etwa 7 Mrd. heute.

Die folgende Übersicht dient der zeitlichen Einordnung der Entwicklung des Materialeinsatzes für Werkzeug in Mitteleuropa:
- Altsteinzeit: bis ca. 40.000 v. Chr.
- Jungsteinzeit: ca. 40.000 - 2.200 v. Chr.
- Bronzezeit: ca. 2.200 - 800 v. Chr.
- Eisenzeit: ca. 800 - 500 v. Chr.

Thomas Berti, der als Biologe und Anthropologe mein Manuskript las, wies mich auf die Forschungen zur evolutionären Begründung von Religion hin. Evolutionsbiologen versuchen nämlich den biologischen Nutzen von Religiosität und Spiritualität zu entschlüsseln. Weil ich mich damit wirklich nicht beschäftigt habe, belasse ich es dabei, auf den Beitrag »Die Evolution der Religiosität« von Eckart Voland in *Oehler* hinzuweisen.

Inwieweit die Entwicklung des Menschen weitergeht, ist offen. Zweifellos darf man beim derzeitigen Stand der Entwicklung keinesfalls die biologische und die geistige Weiterentwicklung trennen, vielmehr muss man sie als untrennbare Einheit sehen.

Nach diesen beiden Kapiteln 2 und 3, die sich mit den naturwissenschaftlichen und biochemischen Grundlagen von Erde und Mensch befassten und mir helfen werden, die Vernünftigkeit meiner Überlegungen ab dem Kapitel 5 darzulegen, mache ich einen großen Sprung zu Fehlleistungen der Kirche, deren Behandlung demselben Zweck dient, getreu nach dem Motto: aus Fehlern kann man lernen.

4 Kirche und Vertrauensverlust

Zunächst einmal wird klargestellt, dass unter Kirche in diesem Kapitel die Amtskirche und das von Rom gesteuerte Lehramt gemäß Kapitel 7.2, und das im Laufe der letzten Jahrhunderte, gemeint sind. Nachdem sich die Kirche wie ein lebendiger Organismus verhält, sind Glaubenslehre und gelebte Praxis einem zeitlichen Wandel unterworfen, was jede positive und negative Beurteilung relativiert.

4.1 Fehlleistungen

Mit den Fehlentwicklungen und Fehllehren der Kirche haben sich schon viele Autoren befasst. Hier greife ich nun eher zwanglos, aber in zeitlicher Reihenfolge, exemplarisch einige derartige kirchliche Fehlleistungen seit dem 13. Jhd. heraus, wobei diese Fehlleistungen teilweise von der Kirche bereits als solche eingestanden wurden, teilweise aber nur von einer Mehrheit denkender und gewissensbewusster Katholiken als solche gesehen werden und die Kirche sich weigert, dies als Fehlleistungen anzuerkennen.

Ich beginne mit drei exemplarischen Zustandsschilderungen im ausgehenden Mittelalter, um zu zeigen, mit welchen Denkweisen die Kirche sich bei ihrem Weg durch die Zeit auseinandersetzen musste:
- Das geozentrische Weltbild des Ptolemäus (2. Jhd. n. Chr.) definierte die Erde und den Menschen als Zentrum des Kosmos und ließ die Sonne um die Erde kreisen.
- Im Mittelalter vertraten die Theologen die Auffassung, dass der Mensch aus dem Samen des Mannes geboren werde und die Frau nur eine Art Brutkasten sei.
- Die Kirche unterstützte den totalitären Machtanspruch des Staates durch kirchliche Gutachten über Ketzer, die dann die staatliche Verfolgung, nämlich die Inquisition, ermöglichten.

Und nun zu den exemplarischen Fehlleistungen auf theologischem, naturwissenschaftlichem und gesellschaftspolitischem

Gebiet, die einerseits ein aus heutiger Sicht ein verfehltes Glaubensverständnis betreffen, andererseits schlichte Kompetenzüberschreitungen darstellen[22]:

1208 begann Innozenz III. die Ketzerverfolgung.

1227 führte Gregor IX. die päpstliche Inquisition zur Ketzerverfolgung ein.

1277 veröffentlichte Bischof Tempier auf Weisung Johannes XXI. eine Liste von 219 zu verurteilenden Fehler und Häresien, wozu die Idee gehörte, dass die Natur Gesetzen folge (weil sie sich dadurch nämlich nicht mit Gottes Allmacht vereinbaren lasse).

1330 lehrte Johannes XXII., dass der Mensch Verdienste noch nach dem Tod erwerben könne und machte weitere häretische Aussagen, die umgehend vom nächsten Papst verurteilt wurden.

1415 wurde Jan Hus verbrannt, weil er von der römischen Lehre teilweise abweichende Thesen vertrat (darunter, dass der eucharistische Christus in beiderlei Gestalten anwesend sei) und weil er vor allem politisch nicht in das Konzept der damaligen Kirche passte.

1498 wurde Girolamo Savonarola, Dominikaner und Bußprediger, hingerichtet, weil er gegen die damaligen Missstände predigte; 1998 wurde seine Seligsprechung eingeleitet.

1521 exkommunizierte Leo X. Martin Luther wegen seiner reformatorischen Ansichten und Schriften.

1542 gründete Paul III. die Römische Inquisition (Congregatio Sancti Officii), die unter Pius X. 1908 in Sanctum Officium umbenannt wurde, einen Sekretär erhielt und als Aufsichtsorgan der lokalen Inquisitionen fungierte. 1965

---

22 Einige dieser Fehlleistungen wurden mir von meinem Freund Erwin Rotter anlässlich eines Mittagessens im Jahre 1996 näher gebracht, einige stammen aus *Pauser*, die anderen stammen aus meiner eigenen Erinnerung und meinen Recherchen.

benannte sie Paul VI. im Zuge einer Restrukturierung in Kongregation für Glaubenslehre um.

1559 erschien das erste Mal der »Index Librorum Prohibitum«, der in seinem Endstadium etwa 6.000 Bücher umfasste. Er wurde 1966, als eines der Ergebnisse des II. Vatikanums, abgeschafft.

1600 wurde Giordano Bruno hingerichtet, weil er die Unendlichkeit des Weltraumes und die ewige Dauer des Universums postulierte und pantheistische Thesen vertrat. 2000 erklärte Rom, dass seine Hinrichtung aus kirchlicher Sicht Unrecht war.

1632 wurde Galileo Galilei der Prozess gemacht und zu Hausarrest verurteilt, weil er seine Lehre, dass die Erde um die Sonne kreise, nicht als bloße Hypothese darstellte. (Kopernikus hatte schon 1543 Jahre eine derartige Hypothese aufgestellt. Da er kurz darauf starb, konnte er von Rom nicht mehr belangt werden.) Galilei wurde 1992 rehabilitiert.

1832 verurteilte Gregor XVI. in seiner ersten Enzyklika »Mirari vos« unter anderem Rationalismus, religiöse Indifferenz, Gewissensfreiheit und Meinungsfreiheit. In einer weiteren Enzyklika bezeichnete er die Demokratie als nicht gottgewollt, was einerseits der Sicherung des Kirchenstaates dienen sollte, andererseits gegen die politische Entwicklung in den USA gerichtet war, verurteilte die Eisenbahn als ein Satanswerk, das man schon daran als solches erkenne, dass es raucht und pfaucht wie der Satan, und bezeichnet den Gedanken der Gewissensfreiheit als eine Absurdität und ein geistesgestörtes Gefasel.

1854 verkündete Pius IX. das Dogma der Unbefleckten Empfängnis Mariens (ohne Erbsünde empfangen).

1859 erschien Darwins Buch »Die Entstehung der Arten«. Erst Pius XII. nahm in seiner Enzyklika »Humani Generis« 1950 erstmals Abstand davon, den naturwissenschaftlichen Aspekt der Evolutionstheorie zu verurteilen, und Johannes Paul II. betonte 1996, dass die Evolutionstheorie mehr als nur eine Hypothese sei.

1864 gab Pius IX. in der Enzyklika »Quanta Cura« den »Syllabus Errorum« heraus, eine Liste von 80 Zeitirrtümern. Diese sog. Irrtümer der damaligen Zeit stellen zum Teil heute Menschenrechte dar. Zwei Beispiele hiefür: Der Staat besitzt die Quelle und den Ursprung aller Rechte und von daher ein uneingeschränktes Recht; Religionsfreiheit. Weiter werden Menschen verflucht, die behaupten, dass die Kirche kein Recht habe, Gewalt anzuwenden, und ebenso Menschen, die behaupten, dass für Nichtkatholiken wenigstens auf deren ewiges Heil gehofft werden darf (gemeint ist: wenn auch Rom lehrt, dass ihnen der Himmel nicht offen steht).

1870 wird auf dem I. Vatikanum das Dogma der Unfehlbarkeit des Papstes beschlossen.

1910 verlangt Pius X. von allen in Seelsorge und Lehre tätigen Klerikern den sog. Antimodernisteneid. Dieser wurde von Paul VI. 1967 wieder abgeschafft.

1940 vertritt Pius XII. noch immer den Monogenismus (Lehre, dass alle Menschen von Adam und Eva abstammen) und stellt fest, dass im Übrigen in jedem Fall dem Urteil des päpstlichen Lehramtes zu folgen sei.

1943 machte Pius XII. in seiner Enzyklika »Divino afflante Spiritu« den katholischen Exegeten die historisch-kritische Methode der Bibelforschung zur Pflicht, sofern die Forschungsergebnisse nicht dogmatischen Aussagen widersprächen.

1948 wird in der UNO die Allgemeine Erklärung der Menschenrechte beschlossen. Die darauf aufbauende Europäische Menschenrechtskonvention wurde bisher vom Vatikan (neben Weissrussland) nicht unterzeichnet und ratifiziert.

1950 verkündete Pius XII. das Dogma der Leiblichen Aufnahme Mariens in den Himmel.

1955 erschien nach dem Tod von Teilhard de Chardin sein Hauptwerk »Der Mensch im Kosmos«, nachdem Rom das Imprimatur zu seinen Lebzeiten verweigert hatte. Seine evolutionäre Synthese von Glaube und Wissenschaft wurde als Bedrohung der traditionellen Theologie angesehen.

1965 Das II. Vatikanum nimmt den Vorwurf der Häresie an die Reformierten Kirchen zurück.

1968 gab Paul VI. die Enzyklika »Humanae Vitae« heraus, in der die sexuelle Enthaltsamkeit in der fruchtbaren Phase der Frau als einzig zulässige Form der Empfängnisverhütung gestattet wird.

1981 bekräftigt Johannes Paul II. im apostolischen Schreiben »Familiaris Consortio« den Ausschluss wiederverheirateter Geschiedener vom Kommunionempfang.

1986 ernannte Johannes Paul II. Hans Hermann Groer zum Erzbischof von Wien. 1995 wurden in der Presse Vorwürfe gegen letzteren wegen sexuellen Missbrauchs von Jugendlichen erhoben, zu denen er schwieg und die zu seinem Rücktritt in selben Jahr führten. Nach Ansicht seines Nachfolgers trafen sie mit moralischer Gewissheit im Wesentlichen zu. Der Fall Groer führte 1995 zur Gründung der Plattform »Wir sind Kirche«, zu einem Kirchenvolksbegehren und zu einer massiven Austrittswelle aus der katholischen Kirche in Österreich.

1991 ernannte Johannes Paul II. Kurt Krenn zum Bischof von St. Pölten, der ob seines extremen Konservativismus in Glaubens- und Sittenfragen ebenso extrem unbeliebt war. 2003 kam ein Skandal im Priesterseminar in St. Pölten ans Tageslicht (download von kinderpornografischen Fotos durch einen Seminaristen, homosexuelle Beziehungen im Seminar), die 2004 zum Rücktritt Krenns führten. Auch damals wurde ein deutliches Ansteigen der Kirchenaustritte festgestellt.

1994 erklärte Johannes Paul II. im Apostolischen Schreiben »Ordinatio Sacerdotalis«, dass Frauen in der katholischen Kirche nicht zu Priesterinnen geweiht werden dürfen.

1999 beendet die Deutsche Bischofskonferenz auf Druck des Vatikans die Schwangerschafts-Konfliktberatung und Ausstellung von Beratungsbescheinigungen durch den Sozialdienst katholischer Frauen, weil darin eine Mitwirkung an Abtreibungen gesehen wurde.

2009 und zwar am 2.2., erklärte der von Benedikt XVI. zum Weihbischof ernannte Pfarrer Wagner in einem ZIB2 Interview, dass Laien in der Diskussion um Glaubensfragen keine Mitsprache haben. Zufolge von Angriffen von vielen Seiten wegen seiner erzkonservativen Grundhaltung und möglicherweise auch aus anderen Gründen, nahm er kurz darauf die Ernennung nicht an.

2010 Nachdem Missbrauchsskandale in den USA in den 1980er Jahren und in Irland in den 1990er Jahren in einem eher kleinen Kreis der Öffentlichkeit wahrgenommen wurden und 2008 *Robinson/Cozzens* erschienen war, wurde 2010, in der Folge von sexuellen Missbrauchs-Vorwürfen in Deutschland, dieses Problem auch in der breiten Öffentlichkeit Österreichs bekannt gemacht, rief massive Vorwürfe von Vertuschung innerhalb der Kirche hervor und verursachte wieder eine massive Austrittswelle.[23]

2010 verkündete Benedikt XVI., dass Frauen zum Lektorendienst herangezogen werden dürfen, obwohl sie diesen Dienst bald nach dem Ende des II. Vatikanums 1965 begannen zu übernehmen.

Diese Auswahl an Fehlleistungen der Kirche auf politischem, naturwissenschaftlichem und theologischem Gebiet bzw. ihrer extrem verspäteten Behebungen kann nur exemplarisch illustrieren, auf welch unverlässlicher Grundlage über Jahrhunderte hinweg viele Aussagen der Kirche aufgebaut sind.
Im Verein mit Aufklärung, Rationalismus, Naturwissenschaften und Gewissensbildung berechtigen diese offensichtlichen Fehlleistungen zu grundsätzlicher Skepsis gegenüber lehramtlichen Aussagen der Kirche, insbesondere im Lichte der angeblichen päpstlichen Unfehlbarkeit.

---

23 *WP*, Sexueller Missbrauch in der römisch-katholischen Kirche, 2.4.11.

4.2 Strukturelle Defizite

Die Kirche spricht zwar gerne von einer ecclesia semper reformanda, nimmt es aber offensichtlich nicht so ernst, weil sie sich in der Wahrheit der Vergangenheit verfängt. Damit meine ich den Anspruch der Kirche, die ewige Wahrheit zu verkünden. Dies wirkt sich so aus, dass grundsätzlich am status quo gehangen wird, solange es nur irgendwie geht, ohne auf in der Zwischenzeit eingetretene Kollateralschäden zu achten. Dass sie selbst an dieser Blockade schuld ist, erkennt sie nicht und will sie auch nicht erkennen. Dafür gibt es eine Reihe von Ursachen:

- Gesellschaftspolitische Klimaschwankungen sind oft von sehr kurzer Dauer und dürfen nicht jedes Mal zu einer Änderung der Glaubenslehre führen. Dies ist zweifellos richtig, verlangt aber kein vernünftiger Mensch von der Kirche.
- Der Papst wird von den stimmberechtigten Kardinälen faktisch immer aus deren Kreis gewählt. Die stimmberechtigten Kardinäle liegen praktisch ausnahmslos in der Altersklasse 50 - 80 Jahre, haben naturgemäß ein festgefügtes Weltbild und verfolgen eine eingefahrene Ideologie. In dieser Altersklasse befürwortet ein Mensch eher systemerhaltende und nicht systemverändernde Maßnahmen. (Was junge dynamische Menschen in Bewegung setzen können, sieht man an z.B. Alexander dem Großen, Jesus, Napoleon; der heilige Karl Borromäus übernahm mit 27 Jahren das heruntergekommene Erzbistum Mailand.)
- Die letzten Päpste trugen zur Systemerhaltung und Stagnation wesentlich bei, indem sie darauf achteten, eher konservative Priester zu Bischöfen zu weihen, und damit auch eher konservative Kardinäle bekamen.[24] Verjüngung und Reformwilligkeit des Kardinalskollegiums blieben auf der Strecke.
- Die Ausbildung in den Priesterseminaren in Deutschland, Österreich und Schweiz ist teilweise so, dass entweder nur Männer, die schon von Grund auf konservativ erzogen wurden und/oder denken, sich für diese Berufung interessieren, oder dass nur Männer, die sich entsprechen indokt-

---

24 Ich weiß aus erster Hand, dass Kandidaten für die Ernennung zu einem österreichischen Bischof Antwort geben mussten, was sie für eine Einstellung zur Abtreibung, Empfängnisverhütung und Homosexualität haben.

rinieren lassen, die ganze Ausbildung bis zur Priesterweihe durchhalten. (Die geforderte zölibatäre Enthaltsamkeit ist dabei ein besonderes Problem.)

Ein weiteres Problem stellt der Codex Iuris Canonici (CIC), der auf Pius X. zurückgeht und erstmals 1917 erschienen war, und sein Vorgänger, der Corpus Iuris Canonici (CICa) aus dem 12. Jhd., dar. (Die aktuelle Fassung des CIC erschien 1983 unter Johannes Paul II.) Mit dem CICa wurde die römische Rechtsphilosophie, die schon immer latent bei allem, was aus Rom kam, vorhanden war, kirchenrechtlich in die katholische Kirche eingepflanzt. In Zusammenschau mit dem Dekalog, der Tradition der Kirche, dem kirchlichen Lehramt und den Liturgievorschriften, ergab dies ein engmaschiges Netz von Geboten, Verboten und Sanktionen, in denen der Geist der Worte Jesu in der gebotenen Differenzierung nicht mehr zu finden war. Noch immer findet sich im Canon 1311 des CIC die Bestimmung: »Es ist das angeborene und eigene Recht der Kirche, straffällig gewordene Gläubige durch Strafmittel zurechtzuweisen.«[25] Dieses engmaschige Netz hatte den Nebeneffekt, dass der gläubige Katholik nicht mehr denken musste, weil die Kirche alles vorgedacht hatte. Ich nenne das die mechanistische[26] Glaubenslehre der katholischen Kirche, weil das Heil bzw. das Unheil von klar vorgegebenen liturgischen Verhaltensweisen, Geboten, Verboten und Sanktionen zwingend abgeleitet wurde. Der Mensch hatte gar keinen Grund mehr, sein Gewissen zu bilden. Als nun Gedankenfreiheit, Meinungsfreiheit, Religionsfreiheit, Gewissensfreiheit und die eigene Vernunft in Anspruch genommen wurde, verlor dieses Netz vollends seine Bedeutung und muss durch ein tragfähiges Netz von Grundwahrheiten, Werten und Zielen ersetzt werden. Ein erster Schritt war das II. Vatikanum, wo unter anderem das Gewissen jedes Menschen als oberste Entscheidungsinstanz anerkannt wurde. Aber viel ist noch zu tun.

Auch hier beschränkte ich mich auf vier mir wesentlich erscheinende Defizite und nehme nicht in Anspruch, das ganze Problem der strukturellen Defizite aufgezeigt zu haben.

---

25 Dazu Gerhard Mayrhofer, Wenn die Liebe durch Recht ersetzt wird, Rundbrief der Cursillistas in der ED Wien, Nr.19/2011.
26 Mechanistisch bedeutet den allgemeinen Gesetzen der Mechanik folgend. Ich verwende diesen Begriff hier im übertragenen Sinn.

4.3 Vertrauensverlust

Die extrem verspäteten bzw. nicht vorgenommenen Richtungswechsel in Hinblick auf die Erkenntnisse der Naturwissenschaften in den letzten Jahrhunderten , die gesellschaftspolitischen Herausforderungen in den letzten Jahrzehnten und die aufgezeigten strukturellen Defizite tragen zur Erklärung bei, warum es zu einem derart massivem Verlust von Vertrauen in die Kirche gekommen ist. Die Kirchenaustritte sind wohl nur ein Indiz für diesen Vertrauensverlust, weil ein Kirchenaustritt meist ein ganzes Bündel von, meist miteinander verflochtener, Ursachen hat, z.B. Unwissenheit, Interesselosigkeit, Erkenntnisunfähigkeit bzw. -unwilligkeit, Kirchenbeitrag, Ehe/Partnerschaft mit Andersgläubigen. In anderen Worten: es fehlt die Erfahrung, welches Heil der Glaube an und das Vertrauen in Gott, die Botschaft Jesu und die Hilfe durch ein Leben in einer glaubenden Gemeinschaft bringt.

Ganz besonders trifft dies die Jugend, die heute meist weder von zuhause noch in der Schule noch von Freunden noch von der Umgebung, deren Einflüssen sie ausgesetzt ist – auch Facebook und Twitter – etwas von Glaube und Heilserfahrung mitbekommt.

4.4 Positive Aspekte

Dieses Kapitel möchte ich jedoch nicht abschließen, ohne einige positive Aspekte zu erwähnen, die aber nur indizieren, dass der Verlust des Vertrauens vor allem der (Amts-)Kirche gilt:
- Eine Mehrheit des Klerus in Österreich teilt mehr oder weniger die oben dargelegten kritischen Gedanken und steht Reformbemühungen positiv bis sehr positiv gegenüber. Vor allem in der pastoralen Praxis wird oft schon ganz anders vorgegangen als es gestattet wäre.
- Die Caritas als Hilfsorganisation der katholischen Kirche hat in der Wahrnehmung der Bevölkerung eine sehr hohe Vertrauenswürdigkeit und vertritt glaubwürdig die Interessen der Hilfsbedürftigen und Schwachen.
- Die Männer- und Frauenorden, die im Schulwesen, im Gesundheitswesen, im Hospizdienst und im Kulturbereich tätig sind, erfreuen sich sehr hoher Wertschätzung.

- Viele Katholiken engagieren sich unentgeltlich in den Pfarren und/oder in kirchlichen oder in der Kirche nahestehenden Organisationen und Gemeinschaften, z.B. in der Aktion Leben.
- Mitglieder einer Pfarrgemeinde schätzen einen sie betreuenden Priester, wenn er für seine Gemeinde da ist und sie mit ihren Sorgen zu ihm kommen können, auch dann, wenn er z.B. konservativ denkt oder z.B. nicht mehr zölibatär lebt.
- Ein sehr kleiner Teil der Jugend kann durch charismatische Bewegungen oder pfarrliche Gruppenbildung für Jesus (und das von ihm ausgehende Heil) begeistert werden.
- Die katholische Kirche macht sich kompromisslos zum Anwalt des Lebens, zum Anwalt der Benachteiligten (Option für die Armen) und zum Einmahner des Friedens.

Diese Analyse nimmt nicht in Anspruch, vollständig und umfassend die Abkehr von der katholischen Kirche zu erklären – da gibt es noch viele andere Gründe –, sondern dient, auf dispersen Fakten und Beobachtungen aufbauend, nur dem Zweck, den Verlust des Vertrauens in die Kirche verständlich zu machen.

Im folgenden Kapitel 5 wende ich mich nun jenen Glaubenswahrheiten zu, die für mich das Fundament des katholischen Glaubens sind.

5. GOTT

» **W**ie können wir uns Gott vorstellen?« Für jeden Menschen ist das der Schlüssel zum Glauben. Jeder Gläubige muss seine Vorstellung persönlich entwickeln und seinen persönlichen Weg zu Gott finden und gehen. Einige Gedanken hierzu:

Gott ist unendlich in jeder Hinsicht. Zeit und Raum sind für ihn keine relevanten Grenzen, er ist deshalb in seiner Gesamtheit nicht vorstellbar. Er ist der Urgrund alles Seins und der Omega-Punkt, auf den sich unsere Welt (Erde und/oder Kosmos) hinbewegt. Am ehesten ist er wohl über seine Allgegenwart, Allwissenheit, Allmacht, Kreativität, unbegreifliche Gerechtigkeit, grenzenlose Liebe und Barmherzigkeit, Zeitlosigkeit und andere unendliche Eigenschaften erahnbar. Z.B. versteht er alle Sprachen und Dialekte, er kann unsere Gedanken lesen und kennt unsere geheimsten Wünsche, nichts ist vor ihm verborgen, alles, was geschehen ist, merkt er sich. Er kennt jedes menschliche Lebewesen, auch die ungeborenen, nennt sie beim Namen und ist für jeden Menschen immer und überall ansprechbar und hat immer für uns Zeit.

Anselm von Canterbury hat Gott als jene Wirklichkeit verstanden, über die hinaus nichts Größeres gedacht, ja die größer ist als alles, was gedacht werden kann, und er erweist sich identisch mit jener Güte, über die hinaus nichts Größeres gedacht werden kann.[27]

Gott hat unendlich viele Erscheinungsformen (»Hypostasen«). Drei davon sind für die Menschen erfahrbar und erlebbar.

5.1 Der Schöpfergott

Exkurs: Theistische Evolution und intelligent design.[28]

Unter theistischer Evolution versteht man eine Bandbreite von Sichtweisen über das Verhältnis theistischen religiösen Glaubens und wissenschaftlicher Theorien zum Ursprung und der

---

27 *Schwager*, 248.
28 *WP*, Theistische Evolution, 6.4.11.

Evolution des Lebens. Viele Theisten glauben, dass ein Gott in irgendeiner Form die Entwicklung des Lebens plant und/oder steuert. Teilweise gehen sie soweit, dass sie von einem direkten schöpferischen Eingreifen Gottes in Naturvorgänge sprechen.

In der Folge des höchstgerichtliche US-Urteils 1987, dass der Kreationismus im Lehrplan von öffentlichen Schulen der Verfassung widerspreche, wurden von amerikanischen Theologen alte Ideen wieder aufgegriffen und als intelligent design publiziert. Darunter bezeichnet man nun die Auffassung, dass sich bestimmte Eigenschaften des Universums und des Lebens auf der Erde am besten durch einen intelligenten Urheber erklären lassen und nicht durch einen Vorgang ohne Leitung, wie die natürliche Mutation und Selektion. Mit letzteren könne man nicht alles erklären und bestimmte Evolutionsschritte hätten sich auf natürliche Weise überhaupt nicht vollziehen können, sondern nur mit Hilfe übernatürlicher Eingriffe.[29] Die Anhänger des intelligent design verstehen es allerdings als wissenschaftliche Theorie und versuchen, den Begriff der Wissenschaft grundlegend umzudefinieren so, dass er auch übernatürliche Erklärungen zulässt, was die Wissenschaftsgemeinde kategorisch ablehnt.

Die Naturgesetze und die Ausführungen gegen Ende von Kapitel 3 über die Umweltfaktoren, die Entstehung der Elemente und die Feinabstimmung kann man allerdings als intelligent design eines großen Planers auffassen.

In der katholischen Glaubenslehre wird die Schöpfung nicht als singuläres Ereignis gesehen, sondern als eine sog. fortdauernde Schöpfung. Augustinus von Hippo hat diesen Begriff (creatio continua) im 4. Jhd. erstmals verwendet, Thomas von Aquin hat ihn noch konkretisiert. Es ist darunter entweder die Bewahrung und Erhaltung der Schöpfung durch ständiges Weiterschaffen und/oder das Zusammenfallen von Schaffen und Erhalten zu verstehen.

Ich halte mich da lieber an *Stockhammer*[30]: »Dieser Gedanke der creatio continua, mittels dessen die Theologie den Schöpfungsbegriff für die Naturerscheinungen retten will, ist aber widerspruchsvoll, da Schöpfung keine Fortsetzung ist. Naturerscheinungen sind eben nicht erschaffen, sondern verursacht. Nur die Grundgebote einer Moralordnung sind keine Fortset-

---

29 *De Duve*, 113.
30 *Stockhammer*, 65.

zung, sondern ein schöpferischer Anfang«. (Damit drückt er klar aus, dass die Moralordnung immer in Entwicklung begriffen sein wird.)

Aus *Schönborn* geht klar eine gewisse Nähe zum Gedankengut des intelligent design hervor[31], eine sehr extensive Interpretation der Schöpfung als fortdauernde Schöpfung und immer wieder der Rückgriff auf den Text der Bibel, wenn er philosophische und theologische Überlegungen anstellt.

Exkurs Ende.

Eine Analyse der biologischen Evolution lässt die Festlegung von zwei grundsätzlichen Evolutionsabschnitten als sinnvoll erscheinen. Die Abgrenzung dieser beiden Abschnitte wird durch jenen Zeitpunkt und/oder Zeitbereich definiert, in dem der homo sapiens Bewusstsein, Vernunft und freien Willen entwickelte und damit Gut und Böse zu unterscheiden fähig wurde.

Exkurs: Bewusstsein, Vernunft und freier Wille.

Die folgenden Ausführungen können keine Idee geben, was alles über diese drei Begriffe nachgedacht und publiziert wurde und welch unterschiedliche Meinungen die Wissenschafter haben. Deshalb beschränke ich mich auf die Wiedergabe von Definitionen und einiger weniger konkreter Ansichten, die ich bei den folgenden Ausführungen als Verständnisgrundlage voraussetze.

Bewusstsein und was damit verknüpft wird – Geist, Erkennen, Wahrnehmen – ist Gegenstand vieler verschiedener Theorien, die allesamt vor allem eines zeigen: dass sich das Denken und die Sprache offenbar nicht eignen, um hinter den Begriff Bewusstsein zu gelangen und das Phänomen auch nur ansatzweise einheitlich darzustellen und zu verstehen. Unter Bewusstsein wird in einer allgemeinsten Formulierung die erlebbare Existenz mentaler Zustände und Prozesse verstanden. Bewusstsein findet man auch bei Tieren; Konrad Lorenz formulierte es so, dass ein Tier begreift »Ich bin«. Im Christentum wird das Bewusstsein in

---

31 Ich lese z.B. in *Schönborn*, 87, dass Leben aus dem Werdeprozess der Welt nicht ableitbar ist, und auf 88, dass für große Evolutionssprünge eine schöpferische Ursache erforderlich sei, was beides aus naturwissenschaftlicher Sicht nicht notwendig ist. Siehe auch: Finding design in nature, New York Times 11.7.2005.

Verbindung mit der Existenz des Geistes gesehen und beinhaltet die grundsätzliche Fähigkeit der Erkenntnis Gottes.[32]

Unter Vernunft wird die Fähigkeit des menschlichen Geistes verstanden, von einzelnen Beobachtungen und Erfahrungen auf universelle Zusammenhänge in der Welt zu schließen, deren Bedeutung zu erkennen und danach zu handeln, insbesondere auch in Hinblick auf die eigene Lebenssituation. Für Benedikt XVI. ist Vernunft Grundlage von Erkenntnis, von gottgemäßem Handeln.[33]

Der freie Wille ist eine philosophische Glaubensfrage, das heißt dass er von manchen Philosophen, den Deterministen, überhaupt als nicht existent angesehen wird. Karl Popper und Jean Paul Sartre glauben an die menschliche Freiheit. Zum Begriff des freien Willens existieren naturwissenschaftliche Sichtweisen (Physik, Genetik, Hirnforschung) und geisteswissenschaftliche Sichtweisen (Psychologie, Rechtswissenschaften, Theologie). Die katholische Religion sieht hinter dem freien Willen die moralische Verantwortlichkeit des Menschen für sein Tun. Für Karl Rahner hat der Mensch die Freiheit, die Gnadengaben Gottes anzunehmen oder nicht.[34]
Exkurs Ende.

Es darf vermutet werden, dass der Schöpfergott von Beginn an vorgesehen hat, dem Menschen einen unsterblichen Geist (siehe nächsten Exkurs) zu schenken, ihn damit aus den anderen Hominiden herauszuheben, um ihm die Chance zu geben, Gott in der ewigen Herrlichkeit von Angesicht zu Angesicht zu erfahren. Ich konnte über das wann und die Randbedingungen dafür in der Literatur sehr wenig finden.

Nach *Jaynes* folgte die Unterscheidungsfähigkeit von Gut und Böse aus dem Zusammenbruch des Zweikammerngeistes im Gehirn des homo sapiens. Der Zweikammerngeist ist ein Begriff für den Geist des Menschen vor der Entstehung des Bewusstseins. Es gab einen befehlenden Teil, nämlich die Stimmen der Götter, und einen gehorchenden Teil, nämlich den Menschen.[35]

---

32 *WP*, Bewusstsein, 22.4.11.
33 Regensburger Rede, 12.9.06.
34 *WP*, Freier Wille, 23.4.11.
35 *Bolz*, Das Wissen der Religion, 125. Dort Verweis auf Jaynes. Was Jaynes unter Bewusstsein versteht, geht aus dieser Stelle nicht hervor.

Als Arbeitshypothese setze ich für diesen Zeitbereich eine Reife des homo sapiens, wie sie der Cro Magnon-Mensch hatte, und das Aussterben der Neandertalers vor 27.000 Jahren und des homo florensis vor 12.000 Jahren voraus. *Pauser* setzt dies etwa vor 15.000 Jahren an.[36] Hier wurde nun nicht, wie manche »Hierarchen« meinen[37], der Schöpfergott nochmals tätig. Vielmehr ist davon auszugehen, dass die Ausstattung des Menschen mit einer unsterbliche Seele bloß die Realisierung eines im Schöpfungsakt vorgesehenen Planes war, vergleichbar der Entstehung des Lebens. Eine mechanistische Vorstellung, die von einem Menschen, einem Menschenpaar oder einem Zeitpunkt ausgeht, ab dem die Menschen eine unsterbliche Seele hatten, wird wahrscheinlich nicht korrekt sein. Die Naturwissenschaft kann zwar die Schöpfung der Materie und die daraus folgende biologische Entwicklung des Menschen sehr gut nachvollziehbar darstellen, ist aber völlig überfordert, wenn es um die Schöpfung des Geistes geht. Hier helfen nur die Theologie und die Philosophie.

Exkurs: Seele.

In allgemeinster Formulierung kann man unter Seele die Gesamtheit aller Gefühlsregungen und geistigen Vorgänge beim Menschen (griechisch psyche) verstehen. Im religiösen und philosophischen Bereich kann man darunter das immaterielle Prinzip, welches das Leben eines Individuums und seine durch die Zeit hindurch beständige Identität bewirkt, verstehen. Damit ist im Christentum die Annahme verbunden, die Seele sei hinsichtlich ihrer Existenz vom Körper und damit auch vom physischen Tod unabhängig und damit unsterblich.[38] Um die begrifflichen Doppeldeutigkeiten zu vermeiden – gemäß der katholischen Glaubenslehre vereint sich die Seele bei der Auferstehung von neuem mit dem Leib[39]- , wäre es besser, den Begriff »Entität« zu verwenden. Darunter versteht man ein nicht näher spezifiziertes Seiendes (Sache, Gebilde), sein Dasein, zum Unterschied vom Wesen (einer Sache, eines Gebildes).[40] Wenn ich nun den Begriff Seele verwende, meine ich eine unsterbliche und geistige Entität, die während der Lebenszeit eines Menschen untrennbar

---

36   *Pauser*, 21.
37   Vgl. Vorwort von Prof. Feichtlbauer.
38   *WP*, Seele, 4.5.11.
39   *KKK*, Rz 366.
40   *WP*, Entität, 29.3.11.

mit ihm verbunden ist und durch eben dieses Leben die Entität einzigartig und unverwechselbar macht. Ausdrücklich verstehe ich darunter nicht, dass sich die Seele nach der Auferstehung mit einem zu ihr gehörigen auferstandenen Leib vereinigt.
Ende Exkurs.

Im ersten Abschnitt, der vom Ursprung des Lebens bis zum Abschluss des Werdens des homo sapiens mit Geist (und unsterblicher Seele) reicht, ist also ein Eingreifen des Schöpfergottes beim derzeitigen Stand der naturwissenschaftlichen Erkenntnis möglicherweise bei der Entstehung des Lebens, wenn sich der Vitalismus durchsetzt, vorstellbar. In diesem ersten Abschnitt wurden alle mit der Schöpfung in die Materie eingebetteten Gesetzmäßigkeiten wirksam, und damit auch die Evolution durch Mutation und zufallsabhängige Selektion. Dabei bestand allerdings aus naturwissenschaftlicher Sicht das Risiko, dass sich der Mensch nicht so entwickelte, wie es von Gott geplant war. Deshalb können die Naturwissenschafter nicht ausschließen, dass Gott, für den Naturwissenschafter nicht erkennbar, mit Hilfe des Zufalls die Menschwerdung lenkte. Es kann aber auch sein, dass Gott mit anderen Produkten der Evolution zufrieden gewesen wäre. Es kann aber auch sein, dass der Mensch genau nach Plan so geworden ist. Dass Gott nicht mit Sicherheit wissen konnte, dass bei der Evolution der Mensch als Ergebnis herauskommen würde, wie George V. Coyne meint[41], schließe ich mit meinem Verständnis eines Gottes, wie oben dargelegt, aus. Gegen das Eingreifen Gottes durch Zufallsbeeinflussung spricht, dass er mit dem Eingreifen ohne weiteres einen besseren Menschen (vielleicht sogar einen sündenfreien Menschen?[42]) hätte entstehen lassen können. Auf der Grundlage rationalen Denkens kann eigentlich nur die Antwort gegeben werden, dass Gott den freien Lauf der biologischen Evolution so zuließ.

Der zweite Abschnitt ist ausgezeichnet dadurch, dass der Mensch nun einen Geist, einen freien Willen und eine Seele besitzt. Es ist

---

41 Der Spiegel 52/2000; Hinweis in *Schönborn*, 177.
42 Kardinal Schönborn sagte im Frühjahr 2010 in einer Betrachtung zum Sonntag in Radio Stephansdom, welche meine Frau und ich hörten, dass, wenn Adam und Eva nicht gesündigt hätten, die Menschen jetzt noch im Paradies leben würden. Wie das mit dem unvermeidlichen Tod und dem Selektionsprinzip (der fittere überlebt) zusammenpasst, bleibt im Dunklen verborgen.

nun vernünftig davon auszugehen, in Übereinstimmung mit der Offenbarung, dass Gott die Welt mit dem Ziel schuf, ein Wesen, nämlich den Menschen, hervorzubringen, das ihm ähnlich ist und die Fähigkeit hat, ihn zu erkennen. In Hinblick auf dieses Ziel ist Gottes Absicht irdische Wirklichkeit geworden. Mit vielen Autoren gehe auch ich davon aus, dass die biologische Evolution des Menschen zwar noch nicht gänzlich, aber immerhin soweit abgeschlossen ist, dass die Botschaft Christi für die Menschen aktuell bleibt. (Ansonsten würde das Argument von Ditfurth[43], dass die Botschaft Jesu nicht nachhaltig sein und Jesus durch die Evolution überholt werden könne, zutreffen.) Jetzt geht es daher um die geistige Entwicklung des Menschen. Auch hier hat Gott Lenkungsmöglichkeiten, auf die ich in Kapitel 6.3 näher eingehe. Stellt man diese geistige Entwicklung des Menschen in das Zentrum der Überlegungen, kann auch Teilhard de Chardin gefolgt werden. Sein erklärtes Ziel war es, Naturwissenschaft und religiösen Glauben in Übereinstimmung zu bringen, und er sah die Schöpfung als einen bis ans Ende der Zeit fortdauernden Prozess mit noch ungeahnten Ergebnissen an, einen Prozess, der nicht nur in der physikalisch-biologischen Welt, sondern vor allem auch in der geistigen Welt wirkt.[44]

In seiner Allmacht und Weisheit generierte der Schöpfergott vor ca. 13,7 Mrd. Jahren den Urknall (Alpha) und bettete in die dabei entstehende Materie alle naturwissenschaftlichen, humanwissenschaftlichen und sozialwissenschaftlichen inklusive verhaltenswissenschaftlichen Gesetzmäßigkeiten, die mit der Zeit wirkten und über die die Evolution unter anderem schlussendlich den Menschen (homo sapiens) hervorbrachten. Die Naturwissenschafter verstehen diese Gesetzmäßigkeiten und Entwicklungen mehr und mehr und immer öfter stehen sie staunend davor. Die unbelebte und belebte materielle Welt, so wie sie sich heute darstellt, ist zum allergrößten Teil erklärbar und nachvollziehbar und bedarf keiner konkreten Eingriffe durch einen Gott, damit sie so ist und sich weiterentwickelt.

Mit praktisch unendlich hoher Wahrscheinlichkeit wird diese Welt einmal zugrunde gehen, wenn nicht durch eine Katastrophe, dann jedenfalls durch den inhärenten, fortlaufenden

---

43 *Ditfurth*, 21.
44 *WP*, Teilhard de Chardin, 24.3.11; *Guggenberger*, 53ff.

Anstieg der Entropie (»Wärmetod des Weltalls«). Teilhard de Chardin nennt diesen Zeitpunkt in der theologischen und philosophischen Betrachtung der Evolution den Omegapunkt. Was außerhalb dieser Welt mit der in sie eingebetteten Zeit ist, wissen wir nicht. Da Gott von der Unendlichkeit nicht zu trennen ist, ist es denkmöglich – was übrigens einige Physiker als realistisch ansehen –, dass das Universum abwechselnd geschaffen wird, sich ausdehnt, wieder auf einen Nullpunkt zusammenzieht und wieder neu geschaffen wird (expandierendes/kontrahierendes Universum). Aus der Allgemeinen Relativitätstheorie von Einstein lässt sich ableiten, dass die, derzeit noch unbekannte, Raumkrümmung unseres Universums bei einer gegebenen, derzeit noch unbekannten, Stärke des Urschwunges dafür maßgebend ist, ob unser Universum expandiert (bei negativer Raumkrümmung) oder implodieren wird (bei positiver Raumkrümmung).[45] Diese theoretische Aussage wird noch verkompliziert durch die Existenz von dunkler Materie und dunkler Energie.[46]

Manche Physiker gehen auf Grund theoretischer Überlegungen noch viel weiter. Sie entwarfen das Konzept der sog. M-Theorie und arbeiten daran. Die M-Theorie ist eine fundamentale physikalische Theorie und ein Kandidat für eine Theorie von allem. Soweit ich die Ausführungen von *Hawking/Mlodinow* verstanden habe, lassen sich sehr verkürzt folgende theoretische Aussagen treffen:
- Wir können nur unseren Kosmos (Universum) beobachten und erklären.
- Um unseren Kosmos zu erklären, bedarf es einer Reihe einander überschneidender Theorien, die jeweils für einen Bereich gelten. (Z.B. Newton'sche Physik im makroskopischen Bereich, Quantenphysik im subatomaren Bereich.)
- Raum und Zeit werden durch die Gravitation verzerrt. Dies führt zum Denkmodell, dass nicht nur unser räumlicher Kosmos, sondern auch die Zeit mit dem Urknall begann und es keine Zeit davor gegeben hat.
- Das Universum entwickelte sich spontan und auf alle möglichen Weisen (Multiversum). Wir können nur unser Universum beobachten und nicht ausschließen, dass es noch weitere, uns unzugängliche Universen gibt, in denen unter-

---
45   *Kippenhahn*, 190 ff, 201.
46   *Oberhummer*, 71.

schiedliche Zeitskalen mit nicht notwendigerweise demselben Startzeitpunkt und die verschiedensten physikalischen Gesetze gelten.

Dies führt *Hawking/Mlodinow* zur Aussage: »So wie Darwin und Wallace[47] erklärten, dass der scheinbar wundersame Entwurf der Lebensformen ohne Intervention eines höchsten Wesens entstanden sein könnte, vermag das Multiversum-Konzept die Feinabstimmung der physikalischen Gesetze zu erklären, ohne einen gütigen Schöpfer bemühen zu müssen, der das Universum zu unserem Nutzen erschuf.«[48] Nachdem die Forschungsergebnisse von Darwin und Wallace auf Grund von Beobachtungen gewonnen und erhärtet wurden und dies bei den physikalischen Gesetzen anderer Universen definitionsgemäß nicht möglich sein wird, weil wir sie nicht beobachten können, ist obige Aussage der beiden Autoren für mich eine Spekulation und hat keinen Erkenntniswert.

5.2 Der Menschengott

Irgendwann sah Gott, dass die Menschen aus sich selbst heraus nicht in der Lage waren, sich vernünftige Vorstellungen von ihm zu machen und vernünftige Regeln für ihr Zusammenleben zu schaffen. Weil es seine Geschöpfe (Evolutionsergebnisse) mit den ihnen gegebenen freien Willen waren und er sie gern hatte, überlegte er sich etwas Einzigartiges: Er wählte einen ihm geeignet erscheinenden Menschen, nämlich Jesus von Nazareth, aus, um den Menschen eine authentische Botschaft zu bringen. Es kann auch sein, dass dies von Anfang an sein Plan war, je nachdem, wie das Werden des homo sapiens inklusive Ursünde gedeutet wird.

So könnten wir die Menschwerdung Gottes interpretieren, ohne zu unterstellen, dass wir Gottes Gedanken und Willen erforscht haben. In seiner Allmächtigkeit und unendlichen Vielfältigkeit wurde Gott in Jesus auch Mensch – ohne seine Unendlichkeit und Unfassbarkeit als Gott aufzugeben.

Im Alten Testament finden sich mindestens 50 Vorhersagen, die sich mit dem Erscheinen eines jüdischen Messias in fast allen Details, beginnend mit der Geburt und endend mit Tod und Auf-

---

47 Alfred Russel Wallace, Evolutionswissenschafter zur Zeit Darwins.
48 *Hawking/Mlodinow*, 163.

erstehung, befassen. Vor allem verdichteten sich die Anzeichen um den Geburtszeitpunkt von Jesus. Die kurz vorher in ihren wesentlichsten Zügen vorliegende hebräische Bibel kündigte auf eine sehr eindrucksvolle Weise diese, vielleicht wichtigste Wende in der Menschheitsgeschichte an.

Jesus hat ungefähr in der Zeit zwischen dem 4. und 7. Jahr v. Chr., das heißt in der Regierungszeit Kaiser Augustus, wahrscheinlich in Nazareth das Licht der Erde erblickt und ist 30 n. Chr. gestorben. Berichte über die Geburt Jesu in Bethlehem und das Leben Jesu in Nazareth während der ersten drei Jahrzehnte seines Lebens kommen ausschließlich von späteren Schreibern. Sehr bescheidene frühe Quellen sind das Evangelium nach Lukas (80-90 n. Chr.), die Apostelgeschichte sowie die Briefe des Paulus (ab 70 n. Chr.). Insbesondere der Bericht über die Geburt ist nach überwiegender Meinung der Exegeten eine Legende, allerdings eine sehr berührende und schöne. Es ist vernünftig davon auszugehen, dass damals, bei der Geburt und während der Kinder- und Jugendzeit Jesu, niemand ahnte, dass es sich um die Geburt des vorausgesagten Messias handeln würde, der, nach drei Jahrzehnten eines unauffälligen Dorflebens, bei seinen späteren Auftritten auf großen Wiederhall stoßen und dessen Lehre einen Teil der Welt in den folgenden zwei Jahrtausenden verändern sollte. Denn es gilt als sehr wahrscheinlich, dass Jesus ein eher unauffälliges Mitglied der Gemeinde war und als Erwachsener dem Beruf seines Vaters Josef nachging. Jede andere Deutung seiner Person während dieses Lebensabschnittes würde unter den Bewohnern des Dorfes, die von Geburt an doch auf Tuchfühlung mit ihm lebten, einer Logik entbehren. Die Exegeten und Theologen sind überwiegend der Ansicht, dass Jesus um sein 30. Lebensjahr sein Charisma und seine Fähigkeit, die Menschen mit seinen Reden anzusprechen und Kranke zu heilen, erkannte, immer mehr in die ihm von Gott zugedachte Rolle hineinwuchs und mit der Zeit ihm bewusst wurde, dass er der Messias und der Sohn Gottes sei.[49]

Die Erkenntnis zu gewinnen, dass Jesus der Sohn Gottes gewesen war, bedurfte unter den Aposteln und ersten Christen einiger Zeit. Das Bekenntnis der Christengemeinde zur Gottheit Christi dürfte erst am Ende des 1. Jhd. aufgekommen sein und wurde im Johannesevangelium schriftlich verwirklicht.

---

49   Dieser Absatz nach *Pauser*, zum Teil wörtlich übernommen.

Im Konzil von Nizäa 325 wurde nach langen Diskussionen beschlossen, dass Christus und Gottvater wesensgleich seien.

Exkurs: Die Authenzitität des historischen Jesus.[50]

Von Jesus existiert keine Geburtsurkunde und keine Sterbeurkunde und keinerlei Dokumentation seines Lebens und Sterbens. Die ersten schriftlichen Aufzeichnungen über Jesus waren die Logienquelle Q (nach 50), die nur rekonstruiert werden konnte, und das Markus-Evangelium (um 70). Ihre Autoren kannten Jesus nur vom Hörensagen. Beide Quellen waren Vorlagen für die Evangelien nach Matthäus und nach Lukas.

In der rabbinischen Literatur findet sich in bSanh 43a aus dem frühen 2. Jhd. ein Hinweis auf die Hängung eines Jesus am Vorabend des Pesahfestes.

In einem Brief des heidnischen Philosophen Mara Bar Sarapion, ein syrischer Stoiker, an seinen Sohn Sarapion um 75 erwähnt ersterer die Hinrichtung eines weisen jüdischen Königs, mit dem, im Zusammenhang mit den anderen Mitteilungen, zweifelsfrei Jesus gemeint ist.

Der römische Geschichtsschreiber Flavius berichtet in den »Antiquitates Judaicae« im Buch XVIII, 3.5 von einem Jeschua, der Anfang der dreißiger Jahre in Jerusalem gekreuzigt wurde. Diese Stelle ist nicht ganz unumstritten; wahrscheinlich wurde sie »geschönt«. Es konnte aber die ursprüngliche Fassung mit großer Wahrscheinlichkeit rekonstruiert werden. An einer anderen Stelle, im Buch XX, 9.1, berichtet Flavius von der Steinigung von Jakobus, des Bruders von Jesus.[51]

Die römischen Geschichtsschreiber Sueton, Tacitus und Plinius der Jüngere erwähnen Anfang des 2. Jhd. Christus:
- Sueton berichtet über einen Chrestos, der die Juden in Rom aufhetzte (die Historiker brachten heraus, dass Sueton damals wahrscheinlich einiges verwechselt hat).
- Tacitus berichtet von einem Christus, der unter Pontius Pilatus hingerichtet wurde.
- Plinius der Jüngere berichtet von Christen, dass sie gestanden, sich regelmäßig an bestimmten Tagen in der Dämmerung zu versammeln, um Christus ein Lied darzubringen, ...

---
50 Nach *Theißen/Merz*, 41-91.
51 *WP*, Testamentum Flavianum, 26.3.11.

und dass manche im Zuge von Verhör und Folter teilweise sich dazu hergaben, Christus zu lästern.[52]

Auf Grund dieser Fakten dürfen wir, so wie schon die jüdischen und pagenen Zeitgenossen im 1. und 2. Jhd., davon ausgehen, dass Jesus zweifellos gelebt hat, gekreuzigt wurde und durch sein Wirken und seinen Tod eine neue Glaubensbewegung entstehen ließ. Gegner wie neutrale oder sympathisierende Beobachter des Christentums setzen die Geschichtlichkeit Jesu voraus und lassen nicht die Spur eines Zweifels daran erkennen. Menschen wie dem Philosophen Flasch (siehe Kapitel 8.4, letzter Satz) kann da nicht mehr geholfen werden.

Exkurs Ende.

Was war nun seine Botschaft?

Ziegler machte sich die Mühe, durch vergleichende Untersuchungen und historisch-kritische Analyse herauszufinden, was Jesus wahrscheinlich selbst gesagt hat und nicht ihm erst später in den Mund gelegt wurde. Sein Werk ist ein faszinierendes Ergebnis dessen, was heute mit wissenschaftlichen Methoden über den historischen Jesus und seine Worte als äußerst wahrscheinlich gelten kann: ein einziges Evangelium, frei von späteren Einfügungen und Interpretationen. Daraus greife ich drei Botschaften heraus, die aus meiner Sicht die zentralen sind:

(1) Die Bergpredigt,
am besten dargestellt bei Matthäus 5,1-7,29. (Bei Lukas heißt sie Feldrede.) In ihr verkündet Jesus eine neue Ethik, seine Botschaft von der Gottesliebe, Nächstenliebe und Feindes- (Entfeindungs-) Liebe. *Ziegler* formuliert:

Nach Mt 5,2-12 und Lk 6,20-26:

»Hört die Frohbotschaft, die ich Euch verkünde: Den Armen gehört das Gottesreich. Wer hungert, wird satt sein. Wer weint, wird fröhlich sein. Und wenn die Leute euch meinetwegen hassen, dann freut euch und tanzt!«

Nach Mt 5,21-22:

»Ihr habt gehört, Gott habe zu den Vorfahren gesagt: Du sollst nicht morden. Wer mordet, verfällt dem Gericht. Ich aber sage euch: Jeder, der gegen seinen Bruder böse denkt, verfällt dem Gericht.«

---

52 *WP*, Außerchristliche Notizen zu Jesus von Nazareth, 1.4.11.

Nach Mt 5,27-28:
»Ihr habt gehört, Gott habe den Vorfahren gesagt: Du sollst nicht ehebrechen. Ich aber sage euch: Jeder, der eine verheiratete Frau mit der Absicht anschaut, zu besitzen, hat im Herzen mit ihr die Ehe bereits gebrochen.«

Nach Mt 5,33-37:
»Seid wahrhaftig! Euer Wort gelte. Das Ja sei ein Ja und das Nein sei ein Nein. Was darüber hinausgeht, ist vom Bösen.«

Nach Mt 5,38-48 und Lk 6,27-37:
»Lass dich nicht von bösen Menschen zur Feindseligkeit herausfordern. Wenn dich einer (voller Verachtung) auf die rechte Wange schlägt, dann halte ihm auch noch die andere hin. Wenn dich einer vor Gericht bringen und dein Hemd pfänden will, dann lass ihm auch deinen Mantel. Und wenn dich einer (gemäß der römischen Besatzungsvorschrift) zu einer Meile Frondienst zwingt, dann geh mit ihm zwei Meilen. Wer dich bittet, dem gib. Und wer von dir borgen will, dem kehre nicht den Rücken. Liebt eure Feinde und tut jenen Gutes, die euch hassen, damit ihr Gott, eurem Vater, ähnlich werdet, der seine Sonne aufgehen lässt über Böse und Gute und den Regen fallen lässt über Gerechte und Ungerechte. Wenn ihr die liebt, die euch lieben, wo ist da diese Liebe? Und wenn ihr denen Gutes tut, die euch Gutes tun, wo ist da diese Liebe? Und ihr denen leiht, von denen ihr auf Rückgabe hofft, wo ist da diese Liebe? Seid voller Liebe, wie euer Vater voller Liebe ist und keinen Menschen von ihr ausschließt.«

Diese Worte sind der klare Auftrag Jesu an jeden einzelnen, eine radikale Wendung in seiner Geisteshaltung zu vollziehen:
- Solidarität und Hilfe für alle Hungernden, Traurigen und Gedemütigten, unter Aufgabe von wohlerworbenen Rechten und persönlichen Besitztümern,
- völlig neue Wege von sozialem und politischem Frieden, unter Aufgabe einer Ordnung, deren ausschließliche Grundlagen Recht und Wirtschaftlichkeit sind.

Sie stellen insofern eine Verschärfung der Goldenen Regel (»Was du nicht willst, das man dir tu', das füg' auch keinem andern zu«) dar, als die Goldene Regel ins Positive umgedreht wird: wir sollen das für den Nächsten tun, was wir uns wünschen, dass auch er für uns tut. Gefragt sind Aktionen radikaler Umkehr in unserem Umgang mit den benachteiligten Gruppen und Völkern unserer Gesellschaft und unserer Erde. Anders ausgedrückt ist es ein Auftrag zur Durchbrechung (Korrektur) des Prinzips der natürlichen Selektion: der Mensch wurde berufen, Bestandteile der Schöpfung zu korrigieren.

(2) Die Aufforderung zum Vertrauen.
Nach Mt 6,25-34 und Lk 12,22-34:
»Sorgt nicht voller Angst für euer Leben, was ihr essen oder was ihr trinken werdet, oder für euren Leib, was ihr anziehen werdet. Ist das Leben nicht mehr als das Essen und der Leib nicht mehr als die Kleider? Seht die Raben! Sie säen nicht, sie ernten nicht und sammeln nicht in Scheunen. Gott ernährt sie. Seid ihr nicht viel mehr als sie? Seht die Feldblumen! Sie spinnen nicht und weben nicht. Und nicht einmal ein Salomo in seiner ganzen Pracht war gekleidet wie eine von ihnen. Wenn Gott schon das Gras, das heute auf dem Feld steht und morgen in den Ofen geworfen wird, so kleidet, wie viel mehr wird er für euch sorgen! Ihr habt so wenig Vertrauen. Fragt euch also nicht voller Angst: Was werden wir essen? Oder Was werden wir trinken? Oder Was werden wir anziehen? Um das alles sorgen sich jene, die Gott nicht kennen. Euer Vater weiß ja, dass ihr das braucht. Nein, sorgt vielmehr dafür, dass das Gottesreich kommt; dann wird Gott euch das alles geben.«

Nach Mt 7,7-11 und Lk 11,9-13:
»Bittet, und Gott wird euch geben. Sucht, und ihr werdet finden. Klopft an, und Gott wird euch einlassen. Es gilt ja schon unter den Menschen: Wer bittet, dem wird gegeben. Wer sucht, der findet. Wer anklopft, dem wird geöffnet. Was müsste das für ein Mensch sein, der seinem Kind einen Stein gäbe, wenn es ihn um Brot bittet? Oder eine Schlange, wenn es ihn um einen Aal bittet? Wenn also schon ihr, die ihr (gemessen an Gott) böse seid, euren Kindern Gutes gebt, wie viel mehr wird Gott, euer Vater denen Gutes geben, die ihn bitten.«

Wie das Wasser im Frühjahr nach der Schneeschmelze aus allen Quellen, Spalten, Klüften und Grotten rinnt, so bricht aus den Worten Jesu immer wieder seine Frohbotschaft des Vertrauens durch. *Nina Hagen*, die sich in einer beachtenswerten Weise von einer Skandalnudel zu einem gläubigen Menschen bekehrte, ist die namenlose Sünderin, der der Name Maria Magdalena untergeschoben wird, unserer Zeit. Sie stellt am Ende ihrer »Bekenntnisse« akribisch alle Stellen im Alten und im Neuen Testament zusammen, die sich mit der vertrauensgebenden direkten Hinwendung Gottes zum Menschen befassen, jene heilbringende Hinwendung, die sie persönlich erfahren hat.

Wer ein solches Vertrauen in Christus hat, der darf den Satz glauben: »Ich kann nicht tiefer als in Gottes Hand fallen.«

(3) Das Leiden, die Auferstehung und das ewige Leben, als Vollendung des Erlösungswerkes Jesu.

Jesus ließ sich – dieses »ließ sich« soll andeuten, dass Jesus die Möglichkeit seines Leidens und Todes vorhersah und sich nicht dagegen wehrte – verraten, ausliefern, geißeln, mit Dornen krönen, zum Tode verurteilen, quälen, verhöhnen, schleppte sein Kreuz zur Schädelstätte (Golgotha), wurde gekreuzigt und starb am Kreuz.

»Sein Sterben erweist sich als eine Hingabe, die alle menschlichen Grenzen und Möglichkeiten sprengt. Sterbend hat Jesus in der Kraft des Geistes seinen Geist und sein Selbst dem Vater überantwortet. Eine restlose Selbsthingabe wurde zur letzten Form seines offenbarenden Tuns.«[53]

Im Moment des Todes kehrte der Menschengott in die Unendlichkeit und Unfassbarkeit Gottes zurück. Mit diesem Akt der Selbsthingabe, Selbstaufgabe und Liebe erlöste er die Menschen von ihrer Schuld und eröffnete ihnen die Möglichkeit, nach ihrem Tod ein ewiges Leben bei Gott und mit Gott zu führen.

In der Sprache der Theologen wird die Menschwerdung Gottes als Jesus »Erniedrigung« und die Rückkehr des Gottmenschen Jesus zu Gott als »Erhöhung« (auch: Todesüberwindung) bezeichnet. Mit der Erhöhung geht die Verheißung Christi einher, dass auch wir Menschen einmal erhöht und der Herrlichkeit Gottes teilhaftig werden.[54]

Es muss damals, nach Jesu Kreuzigung und Tod, etwas unbeschreiblich Faszinierendes stattgefunden haben, was wahrscheinlich nichts mit leiblicher Auferstehung zu tun hat, was aber die Niedergeschlagenheit der Apostel und Jünger nach Jesu Tod in einen unerschütterlichen Glauben, dass Christus in ihnen ist und mit ihnen lebt, verwandelt hat. Dies geht erstmals aus dem ersten Thessalonicherbrief um 50/51 n. Chr. (1 Tess 4, 13-18) hervor. Die Erzählungen in den Evangelien über die Auferweckung und die Himmelfahrt sind nach dem Stand eines Teiles der historisch-kritischen Bibelforscher einerseits Legenden, in denen das Ostererlebnis narrativ illustriert werden soll,

---

53 *Schwager*, 255.
54 *Beinert*, 75.

andererseits eine Illustration des Ostergeschehens mittels des Entrückungsmodelles.[55]

Es darf nicht übersehen werden, dass beim gegebenen Alter der drei synoptischen Evangelien zwischen dem Tod Jesu und der Niederschrift mindestens 40 Jahre verstrichen waren, dass es damals keine schriftlichen Zeugnisse und Aufzeichnungen gab und dass auch keine Zeitzeugen mehr zur Verfügung standen. Was würde die heutige Jugend von der Studentenrevolution der 68-Jahre wissen, wenn sie keine Zeitungen, Rundfunk- und Fernsehberichte und Bücher hätte und nur mehr mindestens 75 Jahre alte Zeitzeugen befragen könnte?

Nach *Ziegler* dürften folgende Verse das Ostererlebnis am Ehesten erahnen lassen:

Nach Mt 28,16-20:

»Die (nach dem Verrat des Judas verbliebenen) elf Schüler Jesu gingen in Galiläa auf den Berg, wohin sie Jesus befohlen hatte. Als sie ihn sahen, huldigten ihm, einige aber zweifelten. Jesus ging auf sie zu und sagte: Gott hat mir alle Vollmacht gegeben für die ganze Menschheit. Geht und verkündet allen Völkern die Frohbotschaft vom Gottesreich und macht sie zu meinen Schülern. Ich bin bei euch alle Tage bis ans Ende der Welt.«

Nach 1 Kor 15,4-8:

»Christus ... wurde auferweckt ... und erschien dem Kephas (Petrus), dann den Zwölfen. Danach erschien er mehr als fünfhundert Brüdern auf einmal. Die meisten von ihnen leben noch, einige sind entschlafen. Danach erschien er dem Jakobus, dann allen Aposteln. Als letztem von allen erschien er auch mir.«

Hierin liegt der Kern des Erlösungsglaubens, der zentraler Glaubensinhalt ist und sich jeder rationalen Annäherung entzieht. Die biblischen Berichte vom leeren Grab, der Auferstehung und der Himmelfahrt sind nach Meinung vieler Exegeten als Geschichten, die uns das Unaussprechliche und Unverständliche, nämlich das Ostererlebnis – Jesus ist nicht tot, sondern lebt und ist in einer anderen Art und Weise bei und mit uns –, näher bringen sollen, zu verstehen. Diese Ahnung, später Gewissheit vom erhöhten und ewig lebenden Jesus war etwas derart Unerwartetes, nie vorher Angekündigtes, für einen Messias völlig Unverständliches, dass es wohl einige Zeit bedurfte, bis es den Aposteln, Jüngern und Urchristen klar wurde, was da

---

55 *Ziegler*, 48-49.

passiert ist. Wie sollte man das nun verdeutlichen? Dafür eignete sich der Auferstehungsbericht natürlich sehr gut. Sind wir doch ehrlich: Auch heute, zwei Jahrtausende später, wird es von der Amtskirche gelehrt und ist in die Vorstellung vieler Gläubiger eingegangen, dass Jesus auferstanden ist und durch seinen Kreuzestod auch uns die Auferstehung ermöglicht hat. Und ob der Auferstehungsbericht eine Verdeutlichungsgeschichte oder ein Augenzeugenbericht und damit ein naturwissenschaftliches Wunder war, wird sich vielleicht nie endgültig beantworten lassen. Viele Theologen verwenden übrigens den Begriff Auferweckung an Stelle von Auferstehung, um in Erinnerung zu rufen, dass wir keine Aussage über Art, Form und Zustand des erhöhten Christus machen können.

Wesentlich ist nämlich, dass
- Jesus von Gott erhöht wurde und Gott ihn zu sich nahm,
- Jesus in der Vereinigung mit Gott uns voranging,
- Gott das Leiden und den Tod von Jesus, dem Gottessohn, zur Erlösung der ganzen Menschheit von ihrer Schuld, annahm und
- Jesus für uns in den Sakramenten, insbesondere in der Eucharistie, erfahrbar ist.

Und dazu, meine nicht nur ich, sondern meinen viele Theologen und kritische Katholiken, ist eine (leibliche) Auferstehung und Himmelfahrt von Jesus nicht notwendig. Wenn sie aber stattgefunden hat, was eine Glaubensfrage ist, weil wir uns dem aus naturwissenschaftlicher Sicht nicht nähern können, ändert dies nichts an meinem Glauben und am Glauben derer, die so wie ich denken. Dies beweist, dass die leibliche Auferstehung keine wesentliche Glaubensfrage ist. Anders formuliert:

Wenn sie stattgefunden hat, hat Gott in seiner Allmacht ein naturwissenschaftliches Wunder gewirkt, um die Bedeutung des Ereignisses (Erhöhung Jesu, ewiges Leben mit Gott) zu betonen und den Glauben an dieses Ereignis zu erleichtern. Wenn sie aber nicht stattgefunden hat, dann sind die Erzählungen im neuen Testament der Beweis dafür, dass mit eben diesen Erzählungen bei vielen Menschen erreicht wurde und erreicht werden wird, dass sie an die, an die Auferstehung geknüpften und oben erwähnten, wesentlichen Glaubensinhalte glauben.

Damit reduziert sich aus naturwissenschaftlicher Sicht die Auferstehung auf die Frage, was mit dem Leichnam Jesu nach seinem Tode geschah: Wurde er irgendwo begraben oder verscharrt[56] oder wurde er in naturwissenschaftlich unerklärbarer Weise in Energie oder sonst etwas oder gar nichts aufgelöst? Im ersten Fall hätte das leere Grab nur die Bedeutung, die Botschaft, dass Jesus lebt, zu verdeutlichen.[57] Im zweiten Fall wirkte Gott ein naturwissenschaftliches Wunder. Aber eine solche Botschaft ist in der heutigen aufgeklärten Zeit eher kontraproduktiv: Soll man einer Kirche glauben, die Wunder verkündigt? Als Naturwissenschafter halte ich mich da an die erste Möglichkeit, zumal wir nicht wissen, was die Naturwissenschafter noch alles an Erkenntnissen gewinnen werden.

Anmerkung:

Theißen/Merz[58] enthüllen trotz ihrer Scharfsinnigkeit und ihres umfassenden Detailwissens ein für mich überraschendes Faktum, indem sie zwei Möglichkeiten unterscheiden:

Entweder wurde ein in der Nähe von Golgotha gelegenes unbenutztes Grab sekundär als Grab Jesu gedeutet – wo Jesus begraben worden war, wusste niemand – und daran knüpfte sich die neutestamentliche Grabesüberlieferung,

oder man wusste um das Grab, in dem Jesus bestattet worden war, und die Frauen fanden dieses Grab am Ostermorgen leer vor und sie schwiegen, weil sie nicht des Grabraubes beschuldigt werden wollten. Erst die Nachricht von den Ostererscheinungen gab dem rätselhaften leeren Grab eine Deutung, die dem »Engel« am Grab in den Mund gelegt wurde.

Für mich ist nun überraschend, dass die beiden Autoren im Spektrum der verschiedenen Meinungen für die zweite Mög-

---

56 Kardinal Schönborn sagte im Interview mit der Zeitschrift Die Presse am 6.4.07: Wenn das Grab nicht leer war, dann ist die ganze Story ein Pfaffenschwindel , bekennt sich dann ohne Wenn und Aber zur leiblichen Auferstehung, in der Jesus den Menschen vorangegangen ist, und wiederholt dies in den Salzburger Nachrichten vom 23.4.11. Differenzierter sieht dies *Ratzinger* 2011: er sieht im leeren Grab keinen Beweis für die (leibliche) Auferstehung.

57 Es würde mich nicht wundern, wenn Archäologen einmal ein Skelett finden, welches mit hoher Wahrscheinlichkeit Jesus zuordenbar ist. Dies sagte mir vor einigen Jahren mein Freund Robert Miribung SJ. Heute denke ich mir, dass man angesichts des Faktums, dass die Wissenschaftler 7 Mio. Jahre alte Knochenteile fanden und einem Hominiden (Toumai-Mensch) zuordnen konnten, den Wissenschaftlern auch zutrauen kann, ein 2.000 Jahre altes Skelett mit Hilfe einer DNA-Probe aus dem Grabtuch von Turin als Skelett von Jesus zu verifizieren.

58 *Theißen/Merz*, S.438,439.

lichkeit ein kleines Plus erkennen, obwohl sie entweder einen Grabraub oder ein naturwissenschaftliches Wunder voraussetzt, und dass letzteres aus theologischer Sicht überhaupt kein Gewicht zu haben scheint.

5.3 Der Gott mit uns

Um nach dem Tod des Menschengottes nicht die Menschen wieder allein zu lassen, sah Gott eine Art spirituelle Fortsetzung des Wirkens des Menschengottes vor, nämlich den Hl. Geist. So könnten wir den Ursprung des Hl. Geistes interpretieren, ohne zu unterstellen, dass wir Gottes Gedanken und Willen erforscht haben.[59]

Der Hl. Geist geht nämlich aus dem Vater und dem Sohne (»filioque«) als einem einzigen Prinzip durch »eine einzige Hauchung« hervor, zum Unterschied vom Sohn.[60] Dass der Sohn als Mensch von Maria geboren wurde, ist in diesem Zusammenhang ohne Bedeutung (siehe Kapitel 7.5/Maria).

Im Johannesevangelium (Joh 20,19-23) wird berichtet, dass der Auferstandene am Abend des Ostertages in die Mitte seiner Jünger kam, sie anhauchte und ihnen mit den Worten »Empfanget den Hl. Geist« den Geist Gottes übertrug. Lukas berichtet in der Apostelgeschichte (Apg 2,1-4), dass am Pfingsttag alle an einem Ort beisammen saßen. »Und es geschah plötzlich ein Brausen vom Himmel wie von einem gewaltigen Wind und erfüllte das ganze Haus, in dem sie saßen. Und es erschienen ihnen Zungen

---

59 Auch das Alte Testament kennt einen Geist Gottes, z.B. in der Schöpfungsgeschichte (der Geist Gottes über den Wassern, Gen 1,2; 6,2) oder in Menschen, die vom Geist der Weisheit erfüllt wurden (nämlich Josua, Dtn 34,9). Im Neuen Testament kommt in der Verkündigungsbotschaft (Luk 1,35) der Hl. Geist über Maria und Jesus selbst sprach z.B. vom Hl. Geist, gegen den man keine Lästerung aussprechen soll (Mk 3,29). Im Wesentlichen dürfte damit aber nur die aktive Gegenwart des Schöpfers zu seinen Geschöpfen gemeint gewesen sein.
60 In der orthodoxen Kirche ist der Hl. Geist den beiden anderen Personen gleichgestellt (kein filioque). Man muss sich allen Ernstes fragen, ob derartige theologische Haarspaltereien, angesichts der grundsätzlichen Schwierigkeit, den Hl. Geist überhaupt zu begreifen, irgendwelchen Sinn machen.

zerteilt, wie von Feuer; und er setzte sich auf jeden von ihnen, und sie wurden alle erfüllt vom Hl. Geist und fingen an zu predigen in anderen Sprachen, wie der Geist ihnen gab auszusprechen.«

Entkleidet man diese beiden Stellen der Wortbedeutung, wird in ihnen sehr gut das Unaussprechliche des Wirkens des Hl. Geistes vermittelt. Höchstwahrscheinlich haben »Petrus und seine Gefährten auf unmissverständliche Weise intuitiv erfahren, dass Jesus lebt, dass Gott den als Zeugen für die Wahrheit seiner Botschaft hingerichteten Jesus verherrlicht und zu seinem Bevollmächtigten für die ganze Menschheit erhoben hat, und dass dieser verherrlichte Jesus (Christus) sie beauftragt, seine Botschaft der ganzen Welt zu verkündigen, und mit ihnen sein werde bis zur Vollendung der Welt. Diese Erfahrung muss von so elementarer und überwältigender Eindrücklichkeit gewesen sein, dass sie bei den Schülern Jesu jeden Zweifel an ihrer Echtheit als Offenbarung ausschloss und ihr Leben schlagartig und endgültig neu orientierte.«[61] Ostererlebnis und Pfingstgeschehen sind nach *Ziegler* als ein zusammengehöriges Geschehen aufzufassen.

Unter dem Hl. Geist kann man die direkte und ganz persönliche Hilfe Gottes, seine Eingebung, bei allen Überlegungen und Entscheidungen des Menschen betreffend die christliche Lebenshaltung und deren Umsetzung verstehen, so man Gott darum bittet.[62] Es liegt in der Natur Gottes, dass er als Hl. Geist auch direkt, ohne unsere Bitte, tätig wird, wenn Gott einen Menschen als Träger einer Botschaft ausersehen hat. Der Hl. Geist weckt im Menschen Charismen und ist die Quelle des Gnadenlebens (siehe Kapitel 6.2). Die christlichen Kirchen führen das Wirksamwerden von mehr oder weniger vielen Gaben im Menschen auf den Hl. Geist zurück. Die katholische Kirche nennt sieben Gaben des Hl. Geistes, nämlich Weisheit, Verstand/Einsicht, Rat, Stärke, Wissenschaft/Erkenntnis, Frömmigkeit und Gottesfurcht. Da ich selbst etwas unsicher war, was unter diesen Gaben zu verstehen ist, nahm ich Anleihe bei Pfarrer Eibl und

---

61 *Ziegler*, 49, aus *Schillebeeckx*.
62 Weihbischof Krätzl hat anlässlich der Firmung in Pressbaum 1985 den Firmlingen zugerufen: Seid in Eurem Leben Lokomotive für Christus und lässt Euch nicht nur wie einen Waggon ziehen. Das bringt die Sache sehr gut auf den Punkt.

darf seine Gedanken im Rahmen des Firmseminars übernehmen[63]:

»**Weisheit** hat ein Mensch, wenn er ein hörendes Herz hat; ein weiser Mensch wird sich etwas sagen lassen. Er wird nicht über andere Menschen drüberfahren, weil er selber so weise ist. Ein weiser Mensch wird den anderen reden lassen, sich ein Bild vom Menschen oder der Situation machen und manchmal etwas sagen, gelegentlich auch schweigen. Ich finde, Weisheit ist wie ein ruhender Pol bei einem Menschen, der ohnedies im alltäglichen Leben von Eindrücken, Vorkommnissen und Stress geplagt ist. Weise ist ein Mensch, wenn er sich Zeiten der Ruhe gönnt, in die Gott hineinsprechen kann. Weisheit im biblischen Sinn bedeutet also nicht Anhäufung von Wissen.«

»**Verstand oder Einsicht**: Wir Menschen können denken und Schlüsse ziehen; dazu haben wir den Verstand bekommen, der uns – richtig eingesetzt – Einsicht gibt in die vielfältigen Fragen des Lebens. Einsicht bedeutet, den Glauben immer tiefer zu erkennen, und die Fähigkeit, Gut und Böse unterscheiden zu können. Mit der Gabe des Verstandes/der Einsicht hilft uns der Hl. Geist, das zu verstehen, was im Letzten und Tiefsten für uns wichtig ist. Wollen wir das überhaupt, oder haben wir nicht oftmals gar nicht so Wichtiges an die vorderste Stelle unseres Denkens, Planens und der Umsetzung gesetzt?«

»Ein guter **Rat** ist etwas, das einem weiterhilft, wenn man selber nicht weiß, wie es weitergeht. Ein guter Rat ist zurückhaltend, belässt dem anderen seine Freiheit, damit er sich selber entscheiden kann und sich nicht entmündigt vorkommen muss. In aller Zurückhaltung, mit feinem Fingerspitzengefühl und mit entsprechender Sensibilität werde ich dem anderen meine Einsicht in die Sachlage darlegen und belasse dem anderen die freie Entscheidung. Das erfordert innere Größe, die sogar einschließt, dass sich der andere auch anders entscheidet, als ich mir das vorstelle.« (Ob die Amtskirche bei der Beurteilung der Tätigkeit der Aktion Leben in Österreich[64] diese Gabe des Hl. Geistes vor Augen hat?)

---

63 Klaus Eibl in Pfarrblatt St. Gertrud, Ausgaben 1-4/2011.
64 Die Aktion Leben ist ein Verein, der Schwangere in Not geistig und materiell unterstützt und berät, mit offenem Ausgang der Beratungstätigkeit.

»Die Gabe der **Stärke** hilft, den Glauben auch unter Spott oder Verfolgung durch Entschlusskraft, Mut, Standhaftigkeit und Handeln nach Gottes Willen zu leben. Die Gabe der Stärke kann man nicht isoliert von den anderen Gaben sehen. Sie braucht Weisheit, das heißt sich etwas sagen lassen; sie braucht Verstand, das heißt ich bemühe mich um Einsicht in die wesentlichen Zusammenhänge; sie braucht Demut, das heißt das Bewusstsein, nicht alles selber lösen und regeln zu können. Das gute Wort kannst du dir nicht selber geben, du musst es dem anderen sagen. Stärke meint, für seine Überzeugung gerade zu stehen und sich nicht nach dem Wind zu drehen in der Suche nach dem geringsten Widerstand.«

»**Erkenntnis** – auch Wissen genannt – befähigt uns, weltliches Wissen zu erforschen und Antworten zu finden auf die wesentlichen Lebensfragen, wie sie Kardinal König immer wieder formuliert hat: woher komme ich, wohin gehe ich, was ist der Sinn meines Lebens. Ergänzend wird die Gabe des Hl. Geistes noch »wozu und warum« fragen, weil wir als gläubige Menschen wissen, dass Gott uns kennt und um unser Leben weiß, er hinter mir steht und mir in meinen Entscheidungen zur Seite steht. Wissenschaft/Erkenntnis ist demnach die Fähigkeit, etwas zu erkennen, zu erforschen, Zusammenhänge zu entdecken und darauf aufbauend zu planen, zu berechnen.«

»Echte **Frömmigkeit** lässt mich erkennen, dass ich einerseits von Gott abhängig bin, andererseits mich aber getragen weiß von diesem Gott, der es ehrlich und gut mit mir meint. Frömmigkeit bedeutet für mich, so zu leben, dass mein Leben auf einen letzten Sinn ausgerichtet ist. Und dieser letzte Sinn ist nichts anderes, als den Willen Gottes zu erfüllen. Frömmigkeit meint, und das ist weit weg von aller Frömmelei: das eigene Leben mit Gott zu gestalten durch Gebet, heilige Messe, Beichte/Versöhnung mit Gott und untereinander, Engagement für die Kirche entsprechend meiner Begabungen und Fähigkeiten. Frömmigkeit meint, aus dem Vertrauen auf Gott den Alltag zu leben und zu meistern.«

Unter **Gottesfurcht** ist die Ehrfurcht vor Gott gemeint. »Ehrfurcht bedeutet, Rücksicht nehmen auf die Ehre, die Würde eines anderen. Diese Grundhaltung der Ehrfurcht ist natürlich nicht bloß auf Menschen anzuwenden, sie betrifft in erster Linie auch unsere Beziehung zu Gott. Gottesfurcht ist demnach nicht das Gegenteil von Gottesliebe, sondern von Gottlosigkeit. Der Gott der Bibel ist nicht bloß ein strenger, gerechter, unnahbarer Gott, sondern vor allem ein liebender, der auch dann und wann über meine Fehler, Unzulänglichkeiten, Mängel großzügig hinwegzusehen bereit ist, wenn ich ihn darum bitte, wenn ich bereit bin, mich ihm von Neuem zuzuwenden. Denn Gott ist natürlich auch der allmächtige, der heilige Gott, vor dem wir Ehrfurcht haben mögen.«

Pfarrer Eibl bringt sehr schön zum Ausdruck, dass jede Gabe einerseits etwas für unsere Beziehung zu Gott, andererseits aber auch für unsere Beziehung zu den Nächsten und zur Gemeinschaft bedeutet.

In der Tradition der katholischen Kirche bringen diese sieben Gaben zwölf Früchte des Hl. Geistes hervor, nämlich Liebe, Freude, Friede, Geduld, Freundlichkeit, Güte, Langmut, Sanftmut, Treue, Bescheidenheit, Enthaltsamkeit und Keuschheit. Dies sind unverzichtbare Werte in einer Gesellschaft, die sonst in Leistung, Erfolg, Macht und Genuss erstickt.

Für den Menschen ist der Hl. Geist eine Chance, Gott in das tägliche Leben einzubeziehen, sein Leben zu Gott hin zu gestalten und von Gott geleitet zu werden. Der Hl. Geist erneuert durch sein Wirken die Schöpfung von innen her, in geistiger Sicht, und ist die Quelle des Gnadenlebens eines Menschen. Er ist die schöpferische Kraft, mit welcher Gott die ganze Menschheit zur Vollendung bringen will. Durch ihn erleben wir in uns, dass unser begrenztes Leben an einer unbegrenzten Lebendigkeit Anteil hat.

Mit diesen Gedanken ist möglicherweise noch nicht ganz einsichtig, warum der Hl. Geist eine eigene Erscheinungsform Gottes sein soll und sein Wirken in den Menschen nicht einfach durch Gottes Wirken in der Welt erklärt werden kann. Etwas mehr Verständnis bringt vielleicht Kapitel 7.4.

Exkurs: Dreifaltigkeit.

Dieser Begriff ist gar nicht so schlecht, weil er impliziert, dass sich der unendliche Gott für den Menschen in drei Erscheinungsformen (Hypostasen) auftut. Die Bezeichnung »ein Gott in drei Personen« ist allerdings irreführend, weil man heute unter einer Person einen Menschen als Einzelwesen, allgemeiner nach Kant: ein Subjekt, dessen Handlungen einer Zurechnung fähig sind, versteht. Zur Genesis des Begriffes Person hole ich etwas aus:

Im Lateinischen bedeutet persona, hergeleitet vom Verb personare, ursprünglich Maske, Rolle in einem Schauspiel und erst im übertragenen Sinn Person, Persönlichkeit. Das griechische υποστασισ (Hypostase) hat eine analoge Bedeutung. Bei den Römern hatte demnach persona durchaus einen noch vertretbaren Wortsinn, der allerdings im Deutschen verloren ging. Gott als Person zu bezeichnen bedeutet seine Unendlichkeit zu übersehen. Wenn nun das Wort Person im Sinne der ursprünglichen Bedeutung dieses Wortes im Lateinischen, nämlich Erscheinungsform, ersetzt wird, ist es auch nicht mehr notwendig, für Gottvater, Gottsohn und Gott Hl. Geist Wesensgleichheit zu postulieren.

Ganz anders *Schwager*, der fordert, Vater und Sohn als personale Pole und handelnde Personen zu denken. Er kennt eine wechselseitige Liebe zwischen Vater und Sohn, die die Liebe als ihre je eigene loslassen, sodass sie zu einer gemeinsamen Liebe wird. Bei allem Respekt vor *Schwager*, aber derartige Überlegungen sind in einem monotheistischen Glauben wie der von der katholischen Kirche gelehrte nicht mehr nachvollziehbar.[65]

Die Trinitätslehre wurde am 1. Konzil von Konstantinopel 381 verabschiedet.

Exkurs Ende.

---

65 *Schwager*, 263, 269.

6 Gott und Mensch

6.1 Ursünde und Erbsünde

Der Mensch im Sinne eines durch den Menschengott erlösten Geschöpfes begann, wie ich in Kapitel 5.1 ausführte, aus biologischer Sicht mit der Entwicklung von Bewusstsein, Vernunft und freien Willen, aus theologischer Sicht – ich nehme an, etwa gleichzeitig – mit der Entwicklung einer unsterblichen Seele. (Um den Wert des Lebens zu schützen und zu bewahren, ist es erforderlich, auch dem ungeborenen Leben eine Möglichkeit, die Nähe und Liebe Gottes zu erfahren, zuzugestehen.) Damit konnte sich der freie Wille der Menschen entfalten und die Menschen wurden für ihre Taten verantwortlich.

Das beim Urknall entworfene System war nun vollständig: der Weltenraum dehnt sich aus, die Erde war bewohnbar geworden, auf ihr lebten Tiere und wuchsen Pflanzen, alles entsprechend den naturwissenschaftlichen Gesetzen, und die Menschen konnten mit ihrem freien Willen agieren. Diese Freiheit ist absolut zu verstehen und wird nur durch die Erbanlagen und die Umwelteinflüsse, denen der Mensch ausgesetzt ist (Erziehung, Bildung, Freunde, Medien u.s.w.) relativiert. Der Mensch hatte die Fähigkeit, Böses zu erkennen, und die Freiheit, Böses zu tun. Und er tat es, wohl gegen eine innere Stimme.

Nach katholischer Auffassung[66] ist die **Ursünde** eine Sünde, die unsere Stammeltern freiwillig begangen haben, und durch sie hielt der Tod Einzug in die Menschengeschichte.

Aus naturwissenschaftlicher Sicht ist dem letzten Halbsatz entschieden zu widersprechen, wenn damit der natürliche Tod gemeint sein sollte. Der Tod ist ein natürliches Phänomen, ohne den es gar keine biologische Evolution gegeben hätte. Hier ist möglicherweise nicht der natürliche Tod, sondern der zweite Tod, die Nichterhöhung, das ewige Nichtschauen Gottes, gemeint; wenn dies der Fall ist, liegt schon wieder ein Beispiel für das Auseinanderklaffen von Wortbedeutungen in der Sprache der Amtskirche und in der Sprache der heutigen Welt vor.

Worin die Ursünde (der Sündenfall) bestand, ist theologisch nicht eindeutig beantwortbar. Das Alte Testament kennt vier

---

[66] *KKK*, Rz 390-400.

Verfehlungsgeschichten, unter denen der Sündenfall die erste ist. Die allgemeinste Deutung ist, dass der Mensch wie Gott sein wollte.

Für mich ist unerheblich, woraus die Ursünde bestand. Ich stelle mir vor, dass der Mensch (oder die beiden Menschen) gegen eine innere Stimme etwas tat, was für ihn ein Vorteil war, jedoch zum Nachteil eines anderen oder der Gemeinschaft. Für *de Duve* hat die Ursünde im metaphorischen Sinn einen einzigen Schuldigen, nämlich die natürliche Selektion. Damit meint er »die allmächtige Triebkraft der biologischen Evolution, die in den Genen unserer Vorfahren verschiedene Merkmale angelegt hat, die für das Überleben und die Fortpflanzung unserer Vorfahren unter den damals an dem jeweiligen Ort herrschenden Bedingungen unmittelbar von Vorteil waren, aber spätere Konsequenzen nicht berücksichtigten.«[67] Das passt mit meiner obigen Formulierung insofern gut zusammen, weil sich daraus ein ichbezogenes, auf den eigenen Vorteil bedachtes Handeln ableiten lässt. Die mahnende Stimme im Inneren, das Gewissen: Denke an den Nächsten, denke an die Zukunft, du lebst in einer Gemeinschaft, sei solidarisch! wurde bewusst um des eigenen Vorteils willen unterdrückt. So könnte ich es mir vorstellen. Ob man in dieser frühen Phase des homo sapiens, lange vor Noach, Abraham und Moses, davon ausgehen kann, dass der Mensch eine Gotteserfahrung gehabt hatte und sich damit auch gegen Gott auflehnen konnte, ist eine theologisch-anthropologische Frage, die ich nicht beantworten kann.

Meine Deutung der Ursünde korreliert auch sehr gut mit der Heilsgeschichte, wie sie sich aus der Offenbarung ablesen lässt. Zuerst offenbarte Gott Moses den Dekalog als erste Anweisung, dem Menschen nichts Böses zu tun, dann sandte Gott den Messias, nämlich Jesus, der in der Bergpredigt noch klarer ausdrückte, was der Wille Gottes in Hinblick auf das solidarische Zusammenleben der Menschen miteinander ist. Mit der Botschaft Jesu gab Gott für mich ganz klar das Signal, dass die Zeit der Selektion um des eigenen Vorteils willen vorbei sein und ein solidarisches, auf Gott hin gewendetes Denken und Handeln an ihre Stelle treten muss. In dieser Richtung fand auch *Schönborn* unmissverständliche Worte, die meine Überlegungen bestätigen.[68]

---

67 *de Duve*, 169ff.
68 *Schönborn*, 178-182.

Unter **Erbsünde** wird in der katholischen Glaubenslehre der durch die Ursünde begründete vererbte Unheilszustand verstanden, in den jeder Mensch als Nachkomme von Adam und Eva hineingeboren wird und durch den er in seiner eigenen Freiheitsgeschichte vorbelastet wird. Die Erbsündenlehre wurde von Paulus entwickelt und von Augustinus von Hippo weiterentwickelt. Die Erbsünde wird durch die Taufe getilgt.

Der Begriff Erbsünde ist veraltet und irreführend. Heute sprechen die Theologen von »universaler Sündenverfallenheit« oder »Sündenverflochtenheit« und verstehen darunter gemäß Benedikt XVI. die kollektiven menschlichen Verstrickungen der Vergangenheit, in die der Mensch durch seine Geburt eintritt.[69] Ich erweitere diesen Aspekt etwas und verstehe darunter sowohl alle genetisch bedingten negativen Neigungen eines Menschen als auch alle negativen Einflüsse in seiner Kindheit und heranreifenden Jugend, die er nicht abwenden kann – dies ist eine logische Konsequenz der Ablösung der Erwachsenentaufe durch die Kindertaufe -, und die der Samen dafür sind, dass er sein Leben unter Verletzung moralischer und ethischer Grundsätze zu Lasten und zum Schaden der Anderen führt und gestaltet und damit sündigt. Damit wird von einer persönlichen Sünde und Schuld Abstand genommen und zugleich bleibt der Gedanke der unfreien Situiertheit und bleibenden Verführbarkeit des Menschen zum Bösen, aber auch seine Erlösungsbedürftigkeit erhalten.

6.2 Die Gnaden-, Sünden- und Rechtfertigungslehre

(1) Gnadenlehre

In der katholischen Glaubenslehre versteht man unter Gnade die liebende Gegenwart Gottes und die durch sie gewirkte Verwandlung des Menschen. Sie ist übernatürlich, insofern sie besagt, dass der Mensch auf keine Weise diese besondere Liebe Gottes verdient, und natürlich, insofern der Mensch bereitwillig diese Art der Liebe erwidert. Die Erwiderung der Liebe Gottes bewirkt ein Wegschenken der persönlichen Freiheit, wodurch der Mensch an Gottes Freiheit teilnimmt. Die Gnade ist das Wohlwollen, die ungeschuldete Hilfe, die uns Gott schenkt, um seinem Ruf zu entsprechen. Sie ist übernatürlich, entzieht sich

---

69 *WP*, Erbsünde, 19.4.11.

unserer Erfahrung und ist nur durch den Glauben zu erkennen.[70] Auf den Aspekt, dass die freie Antwort des Menschen seine persönliche Freiheit einschränkt, wird nicht eingegangen.

Kasper widmet der Gnade ein Unterkapitel mit dem Titel »Gnade als Freiheit zur Liebe«. Auf die mechanistischen Aspekte der Gnadenlehre (helfende Gnade, heiligmachende Gnade) geht er nicht mehr ein. Auf fünf Seiten kommt das Wort Gnade genau einmal vor, und zwar in Verbindung mit Thomas von Aquin. Für letzteren ist die übernatürliche Gnade das Mittel, damit der Mensch das in seiner Freiheit angelegte Sinnziel konkret erreichen kann. Der Rest der fünf Seiten sind interessante theologische und philosophische Überlegungen zum Spannungsfeld persönliche Freiheit, deren Einschränkungen durch die Forderungen eines Lebens aus dem Glauben und dem Freiheitsgewinn durch die Hinwendung zu Gott. (»Freiheit ist nur durch andere Freiheit möglich.«)[71]

In *WP* wird mit Gnade im christlich-theologischen Sinn der freie und unverdienbare Hulderweis Gottes den christgläubigen Menschen oder jenen, die noch christgläubig sein könnten, also nicht explizit christusungläubig sind, bezeichnet.[72]

Aus diesen Auszügen ist schon erkennbar, dass eine rationale Betrachtung der Gnade zu nichts führt. Sie ist ein Geheimnis des christlichen Glaubens, in das der Mensch vertrauensvoll eintauchen kann. In erster Linie ist sie eine Gabe des Hl. Geistes, jedoch wird der Mensch auch durch die Sakramente der Gnade teilhaftig.

Ich lege in diese Gedanken für mich die Aussage hinein, dass ein gläubiger Mensch ein Stück seines freien Willens und damit seiner Freiheit aufgeben muss, um in der Huld Gottes (Gnade) zu bleiben und am ewigen Heil teilhaben zu dürfen. Es ist wohl wie mit der Liebe zwischen zwei Menschen: Wahre Liebe besteht auch darin, einen Teil seiner Freiheit für seinen Partner aufzugeben, weil man dadurch der Liebe des letzteren teilhaftig wird.

(2) Sünde

In der katholischen Glaubenslehre versteht man unter Sünde einen Verstoß gegen die Vernunft, die Wahrheit und das rech-

---

70 *KKK*, Rz 1987ff.
71 *Kasper*, 117.
72 *WP*, Gnade, 14.3.11.

te Gewissen; sie ist eine Verfehlung gegen die wahre Liebe zu Gott und zum Nächsten auf Grund einer abartigen Anhänglichkeit gegen gewisse Güter. Sie verletzt die Natur des Menschen und die menschliche Solidarität.[73] Mit Sünde wird im christlichen Verständnis auch der unvollkommene Zustand des Menschen, der von Gott getrennt ist, bezeichnet.[74]

Beide Definitionen befriedigen nicht. Die Definition im *KKK* leidet unter der Wortwahl »abartige Anhänglichkeit«, diejenige in *WP* ist wohl zu allgemein gehalten.

Jede Betrachtung über die Sünde muss grundsätzlich vom Dekalog (den zehn Geboten) ausgehen. Für mich ist das Kriterium einer Sünde, dass durch ein Wort oder eine Tat bzw. durch ihre Unterlassung dem Nächsten oder der Gesellschaft oder mir selbst ein Nachteil oder ein Schaden an Leib und Seele entsteht; damit fällt auch die Leugnung oder Missachtung Gottes darunter. Mit dieser Definition bleibt auch der altruistische und immer Gutes tuende, aber absolut atheistische Mensch im Rost der Sünde hängen. Ein Beichtspiegel kann durchaus eine Hilfe sein, mehr oder minder sündhaftes Verhalten zu erkennen. Jedenfalls stört die Sünde die Beziehung des Menschen zu Gott durch die Gnade, je nach der Schwere der Sünde, mehr oder weniger, und, je nach der Häufigkeit von Sünden, auf kürzere oder längere Zeit oder dauerhaft.

Im Folgenden versuche ich, sündhaftes Verhalten durch Benennung bestimmter Verhaltensweisen zu illustrieren und damit in Erinnerung zu rufen:

Die sieben **Hauptlaster** nach Gregor I. sind:
- Hochmut (Anmaßung, Überheblichkeit, Arroganz): ist eine Haltung, die Wert und Rang oder Fähigkeiten der eigenen Person besonders hoch veranschlagt. Gegenteil: Demut.
- Geiz (Habgier): ist eine zwanghafte oder übertriebene Sparsamkeit, damit verbunden auch der Unwille, Güter zu teilen. Gegenteil: Freigiebigkeit.
- Neid (Missgunst): ist das moralisch vorwerfbare, gefühlsmäßige (emotionale) Verübeln der Besserstellung konkreter anderer. Gegenteil: Gunst (Liebe).
- Zorn: ist ein elementarer Zustand starker emotionaler Erregung mit unterschiedlich aggressiver Tendenz, der zum

---

73 *KKK*, Rz 1849.
74 *WP*, Sünde, 30.3.11.

Teil mit vegetativen Begleiterscheinungen verläuft. Gegenteil: Sanftmut.
- Unkeuschheit (Wollust): ist aus christlicher Sicht ein Verstoß gegen das Gebot der Keuschheit, womit heute am ehesten das »sexuelle Ausleben« außerhalb einer geordneten Partnerschaft, nur um des Auslebens willen, gemeint ist. Gegenteil: Keuschheit.
- Unmäßigkeit (Völlerei): ist die Eigenschaft, die einen Menschen zu einem ausschweifenden und maßlosen Leben führt, insbesondere in Hinblick auf Essen, Trinken und Drogen. Gegenteil: Mäßigkeit, Bescheidenheit.
- Faulheit (Trägheit): ist der mangelnde Wille des Menschen zur Arbeit oder sich anzustrengen; die Interpretationen reichen von der allgemeinen Tendenz eines Menschen zur Ruhe bis zum schlechten Charakter eines einzelnen. Gegenteil: Eifer.

Wer mit den Hauptlastern wenig anfangen kann, den weise ich auf die sieben **modernen sozialen Sünden** hin. Sie stammen von Mahatma Ghandi, könnten aber genauso von Jesus formuliert worden sein, würde er heute leben, und sie definieren in besonderer Weise sozial unverträgliches Verhalten, das letzten Endes zum eigenen Nachteil, wenn nicht sogar Verderben gereicht:[75]
- Politik ohne Prinzipien
- Geschäft ohne Moral
- Reichtum ohne Arbeit
- Erziehung ohne Charakter
- Wissenschaft ohne Menschlichkeit
- Genuss ohne Gewissen
- Religion ohne Opfer

Dies bedeutet unter anderem:
- sich nicht beeindrucken lassen vom Willen zur Macht, obwohl Politik vielfach zu einer Strategie des Machterhaltes verkommen ist,
- sich gerade in Zeiten von Börsenfieber und shareholder value nicht beherrschen lassen von der Gier nach Geld und Prestige,
- sich in Zeiten, da allein Leistung den Wert des Menschen auszumachen scheint, für die Menschenwürde auch der

---

75 Gefunden bei *Küng*, Spurensuche, 152.

Schwachen und der Opfer, der »Unproduktiven« und Armen einzusetzen,
- sich in Zeiten einer beispiellosen Enttabuisierung nicht versklaven lassen vom Trieb zum Sex und von der Sucht nach Genuss und Vergnügen.[76]

Dem ist eigentlich nichts hinzuzufügen. Wenn die Menschen diese Sünden meiden würden, ja dann würden wir wohl im Paradies leben: keine Wendehälse und Populisten, keine Wirtschaftskriminellen, keine »Kapitalisten«, keine Treu- und Charakterlosen, keine nur erfolgsorientierten Technokraten und Macher, keine Spaß- und Lust-Hörigen, keine, die den lieben Gott einfach den lieben Gott sein lassen und sonst nichts.

(3) Rechtfertigung

Die katholische Glaubenslehre meinte, dass die Gnade des Hl. Geistes die Macht hat, uns zu rechtfertigen, das heißt von unseren Sünden reinzuwaschen. Die Rechtfertigung löst den Menschen von der Sünde, die der Liebe zu Gott widerspricht, und reinigt sein Herz.[77] Damals, nämlich 1993, wurde seitens der katholischen Kirche noch gelehrt, dass der Mensch auch durch gute Werke, Fürbitten und Ablässe mitwirken kann, sich einen Verdienst vor Gott zu schaffen.

Mit der »Gemeinsamen Erklärung zur Rechtfertigungslehre« 1999 wurde jedoch zwischen Katholiken und Protestanten klargestellt, dass »der Mensch in Blick auf sein Heil völlig auf die rettende Gnade Gottes angewiesen ist. Die Freiheit, die er gegenüber den Menschen und den Dingen der Welt besitzt, ist keine Freiheit auf sein Heil hin. Das heißt, als Sünder steht er unter dem Gericht Gottes und ist unfähig, sich von sich aus Gott um Rettung zuzuwenden. Rechtfertigung geschieht allein aus Gnade.«[78]

6.3 Das Theodizee-Problem

Darunter versteht man die Frage, wie das Leiden in der Welt mit der Allmacht und der Güte Gottes vereinbar sein könnte (»Recht-

---

[76] Küng, Wie Glauben leben? Vortragsmanuskript Ökumenischer Kirchentag, München 13.5.2010.
[77] *KKK*, Rz 1987.
[78] *KKK*, Rz 1471ff kennt noch den Ablass.

fertigung Gottes«). Das Problem wurde erstmals von griechischen Philosophen im 3. Jhd. v. Chr. formuliert. In der Literatur finden sich viele Versuche, dieses Problem zu fassen.[79] Ich baue meine Überlegungen hierzu in Einzelschritten auf.

1. Schritt: 1. These.
Bei dieser These geht es um das Verständnis des Wesens der Schöpfung: Gott hat mit dem Urknall die Welt mit allen naturwissenschaftlichen und entwicklungswissenschaftlichen Gesetzmäßigkeiten erschaffen und dem Menschen zur Gestaltung mit dessen freien Willen überlassen. Diese Überlassung ist absolut zu verstehen, ansonsten würde ja Gott immer wieder in die von ihm geschaffenen Gesetzmäßigkeiten eingreifen müssen und ebendiese bzw. das Prinzip des freien Willens ad absurdum führen. Nicht dass es der allmächtige Gott nicht könnte, aber zwei Überlegungen sprechen dafür, dass er dies nicht tut:

Erstens ist das Eingreifen Gottes in die kosmische und biologische Evolution im Lichte der naturwissenschaftlichen Erkenntnisse extrem unwahrscheinlich geworden.

Zweitens scheint Gott die Verantwortung und Freiheit des Menschen über alles zu gehen[80]:
- Was wäre das für ein freier Wille, der bei allen möglichen Gelegenheiten von Gott dem Menschen aus der Hand genommen wird?
- Was wäre das für ein freier Wille, der keine Letztverantwortung des Menschen mit sich bringt?
- Was wäre das für ein freier Wille, wenn dem Menschen die Bewahrung der Schöpfung aufgetragen wurde und ein Gott immer wieder in die Schöpfung eingreift?
- Was wäre das für ein freier Wille, wenn der Mensch Gott den Vorwurf machen könnte, ihn gezwungen und gesteuert zu haben?[81]

Ich gehe deshalb von einer Selbstbeschränkung Gottes in seiner Allmacht aus, sowohl was seine Schöpfung als auch was den freien Willen des Menschen betrifft.

2. Schritt: Was ist Leid?
Für den Zweck meiner Überlegungen zum Theodizee-Problem differenziere ich das Leid in dreifacher Hinsicht:

---
79 *Krainer* gibt einen guten Überblick; kürzer *WP*, Theodizee, 7.7.11.
80 *Schwager*, 252.
81 Für *Krainer* ist der freie Wille des Menschen die Ursache des Übels.

- Leid als erlittener materieller Schaden,
- Leid als erlittener physischen Schaden (z.B. Schmerzen),
- Leid als psychischer Schmerz inklusive Schmerz über den Verlust eines Lieben; dies repräsentiert die geistige Komponente des Leides.

3. Schritt: Wie entsteht Leid?
Leid im obigen Sinn entsteht durch Ursache-Wirkungs-Ketten. Ich differenziere die Ursachen (Einflussfaktoren) in dreifacher Hinsicht:
- Entwicklungen und Gegebenheiten der unbelebten und belebten Materie (in der Schöpfung selbst grundgelegtes Leid)
- Entscheidungen der Menschen
- bloßer Zufall

Unter Entwicklungen und Gegebenheiten der belebten und unbelebten Materie sind exemplarisch zu verstehen:
- Naturkatastrophen (Vulkanausbrüche, Hochwasser, Wirbelstürme, Meteoriteneinschläge, Tsunami)
- Unverschuldete Unfälle (Verkehrsmittel, Arbeit, Sport)
- Verletzungen und Tod, hervorgerufen durch Tiere, Pflanzen
- Geburtsfehler und Krankheiten

Unter Entscheidungen der Menschen sind exemplarisch zu verstehen:
- Suchtabhängigkeiten
- Selbstverschuldete Unfälle
- Verletzungen und Tod durch Menscheinwirkung
- Materieller Schaden durch Straftaten von Menschen (Einbruch, Diebstahl, Betrug, List)
- Vertrauensbruch in persönlichen Beziehungen (Untreue, Beleidigungen, Verrat)
- Strukturelle Armut
- Missachtung von Menschenrechten und Menschenwürde durch Einzelpersonen oder Organisationen (Missbrauch, Nötigung, Mobbing, Kinderarbeit; Zwangsarbeit, Verfolgung, Freiheitsberaubung, Bespitzelung, Vertreibung; legitime Aufstände, Verteidigungskriege)
- Angriffskriege

Besondere Aufmerksamkeit ist hier politischen und sozialen Strukturen zu widmen, die in Verfolgung ihrer Ideologie oder

Philosophie Missachtung von Menschenrechten und Menschenwürde und daraus folgende Verletzungen und Tod in Kauf nehmen oder sogar anstreben. (Z.B. Drittes Reich – Holocaust / Shoa.)

Unter Zufall ist zu verstehen, dass ein Mensch sich zur falschen Zeit an der falschen Stelle befand. (Ein Bergfreund von mir und begeisterter Bergsteiger aus Bad Ischl war Lehrer an der Holzfachschule von Hallstatt. Er ging kerngesund mit 60 Jahren in Pension, feierte seinen Abschied in der Holzfachschule und bei der Heimfahrt von Hallstatt, als er den Hallstättersee entlang fuhr, traf ein Steinschlag sein Auto, durchstieß das Dach und tötete ihn.)

Ein konkretes Leid entsteht nur selten durch eine einzige Ursache, sondern in der Regel durch eine Kombination von mehreren Ursachen.

4. Schritt: 2. These.

Aus naturwissenschaftlicher Sicht und bei Zutreffen der 1.These können Eingriffe Gottes in diese Welt und auf die Menschen nur über direkte Eingebungen Gottes an den Menschen stattfinden. Über Eingebungen kreiert Gott Gedanken, denen der Mensch im Rahmen seines freien Willens folgt oder nicht folgt. Diese Eingebungen erfolgen sowohl auf Bitten der Menschen als auch aus Gottes undurchschaubarem Entschluss heraus. Inwieweit Gott mit Eingebungen Bitten erfüllt oder diese Eingebungen durch die göttliche Gnade bzw. Sakramente dem Menschen zukommen, bleibt dem Menschen verborgen und ist Glaubensinhalt. (Diese Eingebungen wurden früher etwas missverständlich Vorsehungen genannt.[82])

Deshalb ist es nicht sinnvoll, Gott um die Aufhebung von Naturgesetzen bei singulären Naturereignissen zu bitten, also Wunder zu erwarten. Wann ein Erdrutsch oder ein Hochwasser kommt, ist von der Natur, den äußeren Umständen her und von den vom Menschen generierten Einflüssen her vorbestimmt. Wenn die Menschen Gott um Verschonung von derartigem Leid bitten, wird er Wege suchen, wie den Bittenden durch Eingebungen geholfen werden kann. So gesehen ist die Bitte nicht vergeblich, zumal auch schöpfungsbedingtes Leid durch die Liebe der Menschen entscheidend gelindert wer-

---

82   In diesem Sinn auch *Schönborn*.

den kann. Aber es ist ein grober Fehler, in einem Erdrutsch oder Hochwasser eine Strafe Gottes zu sehen.[83] Dabei dürfen jedoch die vom Menschen generierten Einflüsse nicht übersehen werden. Die Bandbreite der Kausalität, von einem Schicksalsschlag erwischt zu werden, geht von einem Extrem – nicht vorhersehbar und praktisch unvermeidbar – bis zum anderen Extrem – selbstverschuldet oder fremdverschuldet. Gott ist ein liebender und kein strafender. Wenn jemand straft, dann der Mensch sich selbst, und zwar durch falsche Entscheidungen oder unvernünftiges Leben.

Das Leid darf aber nicht nur mechanistisch als letzte Wirkung einer ganzen Kette von Ursachen und Wirkungen gesehen werden, sondern die Bitten zu Gott um Hilfe können den Menschen auch befähigen, erlittenes Leid im Glauben und im Vertrauen auf Gottes Hilfe besser zu ertragen. Und wir wissen nie, durch welche Eingebungen Gott uns vor einem Leid verschont hat.

5. Schritt: Schlussfolgerungen.

Die Frage, wie das Leiden in der Welt mit der Allmacht und der Güte Gottes vereinbar sein könnte, beantworte ich auf Grund meiner Überlegungen wie folgt:

Leid ist grundsätzlich ein unvermeidliches Element für den so gewordenen und in dieser Welt lebenden Menschen. Es ist durch Kausalität, Zufall und freien Willen erklärbar und soll Reaktionen beim Menschen hervorrufen, um dieses Leid zu mildern oder in Zukunft vielleicht sogar zu verhindern. Daraus ist erkennbar, wie wichtig es ist, einerseits leidgenerierende Entwicklungen rechtzeitig zu erkennen und zu bekämpfen bzw. Systeme zu entwickeln, dieses Leid zu verringern oder gar zu verhindern, andererseits in und nach leidgenerierenden Ereignissen zu helfen, zu trösten und die Konsequenzen daraus zu ziehen. Dazu gehören technische und gesellschaftliche Systeme jeder Art, wie z.B. Tsunami- und Hochwasser-Frühwarnsysteme, technische Sicherheitssysteme, Terrorabwehrsysteme, politische Systeme, die die Menschenrechte und Menschenwürde wahren, aber auch Systeme, die die Einhaltung der Menschenrechte, Frieden und Sicherheit gewährleisten sollen, Kranke heilen, Armut bekämpfen, Hilflose pflegen, Sterbende begleiten. Diese bruchstückhaf-

---

83 Pfarrer Wagner, der ausersehen war, zum Weihbischof von Linz ernannt zu werden, bezeichnete in einem ZiB2-Interview 2009 den Hurrikan Katrina als mögliche Strafe Gottes für die geistige Umweltverschmutzung und die amoralischen Zustände in New Orleans.

te Aufzählung gibt aber schon eine Vorstellung, wie sehr es in der Hand der Menschen liegt, Leid zu verhindern, abzuwenden oder zu lindern und zu helfen.

Gottes Eingriff im Rahmen der sich selbst auferlegten Beschränkung beschränkt sich auf die Eingabe von Gedanken an Menschen, die ihn darum bitten, womit er uns die Macht des Glaubens und des Gebetes zeigen möchte. Die Plausibilität meines Ansatzes erkennt man an einem Vergleich: Man stelle sich ein Unternehmen vor, das einem einzigen Menschen zur Gänze gehört, der die Alleingeschäftsführung ausübt, seinen Mitarbeitern wohlüberlegte Handlungsanweisungen für das tägliche Geschäft mitgegeben hat und dann immer wieder in das tägliche Geschäft eingreift, seine eigenen Handlungsanweisungen unterläuft und Unordnung in sein Unternehmen bringt. Da stimmt doch etwas nicht. Ich höre schon die Theologen sagen, dass dieser Vergleich hinkt. Ich aber sage: wie kann ein Prokurist Verantwortung tragen, wenn sein Chef ihm immer wieder in seinen Bereich, für den er verantwortlich ist, eingreift?

Die Antwort auf das Theodizee-Problem ist aus meiner Sicht deshalb für die Theologen so schwierig, weil der Gedanke der Selbstbeschränkung Gottes im Rahmen der Evolution des Menschen und in Hinblick auf den dem Menschen zugestandenen freien Willen offensichtlich für viele von ihnen noch nicht akzeptabel ist. Dies dürfte damit zusammenhängen, dass die Erkenntnisse der Naturwissenschaften, insbesondere in der kosmischen und biologischen Evolution, in ihrer Konsequenz für das Theodizee-Problem noch nicht hinreichend verarbeitet worden sind.

Daraus ergibt sich für mich ein sehr konsistentes Verständnis von der Allmacht Gottes und seines Wirkens in dieser Welt, das auch das Theodizee-Problem wie eben beschrieben vernünftig löst:
- Gott schuf die Welt mit den naturwissenschaftlichen Gesetzmäßigkeiten und ihrer kosmischen und biologischen Entwicklung zum Menschen.
- Gott wirkt in dieser Welt durch den Hl. Geist als den Quell von Eingebungen, Gnaden, Sakramenten.
- Alles andere haben die Menschen zu vertreten und liegt in ihrer Ingerenz.

Ein sehr bekannter Gedanke in einem Gebet besagt, dass Christus nur unseren Mund hat, um seine Botschaft zu verkünden, und nur unsere Hände, um in seinem Sinne Gutes zu tun. Bestätigt dies nicht die überragende Bedeutung und Verantwortung des Menschen im Spannungsfeld unseres Seins?

Dieses Verständnis von Gottes Allmacht ist etwas ganz anderes als das deistische (mechanistische) Uhrmacherverständnis von Gott. Gemäß letzterem hat nämlich Gott die Welt erschaffen und sich selbst überlassen. Ich streiche diese Abgrenzung deutlich heraus.[84]

6.4 Die Kommunikation mit Gott

Weil Gott uns Menschen gern hat, möchte er mit uns kommunizieren. Er möchte Anteil an unserem Leben nehmen. Die Initiative hierzu kann von Gott ausgehen oder von uns selbst. An mehreren Stellen spricht Jesus im Evangelium von dem Vertrauen, welches wir in Gott haben dürfen, und dass er uns gibt, wenn wir ihn nur darum bitten. Beten ist Reden mit Gott. Seine Antwort können wir erfahren, wenn wir sorgfältig auf das achten, was um uns rundherum passiert, und in Hinblick auf das, was wir erbeten haben, interpretieren. Oft kommt seine Antwort in unserem Raum-Zeit-System mit großer Verspätung.

Hier kommt dem Hl. Geist, der auch der Quell der Gnade ist, eine große Rolle zu. Er hilft uns nämlich, die Geister zu unterscheiden. Unter diesem Ausdruck aus der paulinischen Theologie versteht man die kritische Differenzierung von Gedanken und Gefühlsregungen im Hinblick auf die Frage, inwieweit sie mit einem Leben in der Nachfolge Jesu verträglich sind oder nicht.

Die drei Grundelemente eines Gebetes sind der Lobpreis Gottes, der Dank (z.B. für erwiesene Gnade und erfüllte Bitten) und die Bitten (im Sinn von »Bittet nur, und es wird euch gegeben werden«). Wenn wir beten, ist dabei belanglos, ob wir zum Schöpfergott, Christus oder dem Hl. Geist beten, denn Gott ist eine unendliche Einheit. Entscheidend ist, dass Gott einen zentralen Platz in unserem Leben einnimmt und wir ein auf Gott gerichtetes Leben führen, wozu auch tägliches Reden mit Gott gehört. Telefonieren wir nicht täglich mit Menschen, die uns sehr lieb sind, wie mit unseren Kindern, Eltern oder sehr guten Freun-

---

84 *WP*, Deismus, 11.4.11.

den, und reden mit ihnen? Mit Gott sollte es nicht anders sein: am Morgen, vor dem Essen, am Abend, z.B. einen Tagesrückblick nach Ignatius (examen).[85] Roberto José dos Santos, den ich in Rio de Janeiro bei seiner Arbeit mit den Straßenkindern besuchte, erzählte mir, dass er täglich mit den Menschen, die sich ihm anvertrauen, »moments of spirituality« pflegt. Das sind kurze Gebete und Nachdenkpausen, z.B. ein Tischgebet oder unser »Grüß Gott«.

Manche sprechen Gott mit Gott-Vater-Mutter an, um jede geschlechtsspezifische Rolle von Gott ab ovo hintanzuhalten.

Wenn wir überhaupt beim Beten zwischen den Erscheinungsformen Gottes differenzieren, dann ist es vernünftig mit Christus zu sprechen, wenn er in der Eucharistie zu uns kommt, wenn wir bewusst etwas tun, was uns zwar nicht freut, aber einem anderen Menschen gut tut, oder Frieden stiftet, und von dem wir meinen, dass es Jesus in unserer Situation auch getan hätte – wir bringen damit unsere Empathie mit Jesus zum Ausdruck –, oder wenn Christus die Mitte der Gemeinschaft ist (»Wenn zwei oder Drei in meinem Namen beisammen sind, dann bin ich mitten unter ihnen«).

Mit den Hl. Geist ist es vernünftig zu sprechen, wenn wir seine Hilfe für uns oder unsere Lieben bei einer Entscheidung oder bei der Unterscheidung der Geister erbitten.

Dies ist aber nur als Hilfestellung für das Gebet zu verstehen. Gott versteht uns immer, egal, wie wir ihn ansprechen.

6.5 Spiritualität

Unter Spiritualität[86] wird in Bezug auf das Religiöse z.B. gemeint:
- auf Geistliches in spezifisch religiösem Sinn ausgerichtete Haltung,
- Frömmigkeit, eine vom Glauben getragene geistige Orientierung und Lebensform,
- die durch seinen Glauben begründete und durch seine konkreten Lebensbedingungen ausgeformte geistig-geistliche Orientierung und Lebenspraxis eines Menschen.

Die Bedeutungsinhalte der Spiritualität sind vom weltanschaulichen Kontext abhängig, beziehen sich aber immer auf

---

85 *Aigner*, 26.
86 *WP*, Spiritualität, 29.3.11.

eine immaterielle, nicht sinnlich fassbare Wirklichkeit (Gott, Wesenheiten u.s.w.), die dennoch erfahr- oder erahnbar ist und die der Lebensgestaltung eine Orientierung gibt.

Folgende Ausdrucksformen wurden empirisch gefunden:
- Gebet, Gottvertrauen und Geborgenheit
- Erkenntnis, Weisheit und Einsicht
- Transzendenz-Überzeugung
- Mitgefühl, Großzügigkeit und Toleranz
- Bewusster Umgang mit anderen, sich selbst und der Umwelt
- Ehrfurcht und Dankbarkeit
- Gleichmut und Meditation

Aus diesen Versuchen, Begriffsinhalt und Ausdrucksformen zu formulieren, ist jedenfalls zweierlei erkennbar, nämlich:
- Spiritualität ist für jede Religion ein wesentliches Element in dem Sinn, dass wir ohne Spiritualität gar nicht glauben können,
- am Zutreffen der Ausdrucksformen für uns ist erkennbar, ob wir mehr oder weniger für Spiritualität empfänglich sind.

Unter christlicher Spiritualität versteht man jene spezifische Form der Spiritualität, in deren Mittelpunkt die persönliche Beziehung zu Christus steht. In der christlichen Spiritualität wird individuelle Vervollkommnung als nicht durch Techniken erreichbar angesehen, sondern als Gnade erlebt. Sie umfasst dabei nicht nur eine Beschäftigung mit geistlichen Dingen, sondern drückt sich im Alltag aus. Formen sind dabei:
- Bestimmte Gebetsformen (Körpergebet, Jesusgebet in der orthodoxen Kirche)
- Besinnungsformen (christliche Meditation, Exerzitien, Segnungsworte)
- Bewegungsformen (Pilgerfahrt, Wallfahrt, Tanz)
- Musikalische Formen (Kirchenmusik, geistliche Lieder)
- Bibellesungsformen
- Integrative Spiritualität (z.B. ignatianische Exerzitien)

Christliche Spiritualität ist untrennbar mit Mystik verbunden. Unter Mystik versteht man Berichte und Aussagen über eine Erfahrung einer göttlichen und absoluten Wirklichkeit sowie die Bemühungen um eine solche Erfahrung. Damit ist ein Grenzbereich zwischen Glaube und Naturwissenschaft erreicht, der sich jeder rationalen Betrachtung entzieht. So wichtig ich die Spiritualität als eine Grundlage für den Glauben sehe, so unvernünftig, ja sogar gefährlich kann die Mystik wegen ihrer Nähe zu Esoterik, Einbildung, Wunderglauben und Scharlatanerie sein.

Ausdrücklich distanziere ich mich als Naturwissenschafter nicht von der Spiritualität, wiewohl sie in diesem Buch eher wenig Raum einnimmt.

Meine Überlegungen zur Kommunikation mit Gott und zur Spiritualität ergänze ich mit Gedanken aus der Rede über »Wie Glauben leben?« von Küng am ökumenischen Kirchentag 2010. Ich fand in seiner Rede viele meiner Gedanken wieder, wobei ich natürlich eingestehe, dass ein Teil meiner Gedanken wohl auf das Lesen seiner Schriften zurückgeht. Mit meinen Worten zusammengefasst gibt er auf drei Fragen jeweils folgende Antworten:

Auf die 1. Frage, »Was ist mein Lebensgrund?«, antwortet er mit einem Wort, nämlich Lebensvertrauen, und dieses baut auf einem redlichen Gottesglauben, auf Gottvertrauen, im Vertrauen zu einem Urgrund und Ursinn, auf, und in diesem Gottvertrauen wissen wir, dass und warum wir letztlich dem Leben trauen können.

Auf die 2. Frage, »Was ist mein Lebensmodell?« antwortet er: den befreienden Christusglauben leben. Jesus ist und bleibt das Fundament unseres Christseins. Christ ist nicht, wer nur »Herr, Herr« sagt und einem Fundamentalismus huldigt, sondern, wer auf seinem persönlichen Lebensweg sich an diesem Jesus praktisch zu orientieren bemüht.

Auf die 3. Frage, »Was ist meine Spiritualität?«, antwortet er: christliches Leben ist Leben im Geist Christi, der Gottes Geist ist. Dieser vermittelt uns neue Motivationen, ermöglicht neue Dispositionen und inspiriert neue Aktionen. Daher ist Spiritualität geistbewegter Glaube.

6.6 Nach dem Tod

Gemäß der christlichen Theologie, maßgeblich von Thomas von Aquin formuliert, werden unmittelbar nach dem Tod eines Menschen dessen gute und böse Taten abgewogen (Seelenwaage des Erzengels Michael). Es handelt sich hierbei um ein Gottesurteil über den Geist, das nicht mit der Auferstehung des Leibes am jüngsten Tag verbunden ist. Beim Endgericht am jüngsten Tag werden die auferweckten Menschen von Gott geteilt in jene, die in den Himmel kommen und die Herrlichkeit Gottes schauen, und in jene, die in die Hölle, aus der es kein Entrinnen gibt, verdammt werden. Das Fegefeuer (purgatorium) ist ein Prozess der Läuterung, in dem die Seele eines Verstorbenen auf den Himmel vorbereitet wird. Unter zeitliche Sündenstrafen wurden zunächst Kirchenstrafen verstanden (z.B. den zeitweisen Ausschluss vom Gemeindeleben), später aber die Zeit im Fegefeuer. Mit der Erwirkung eines Ablasses glaubte man, die Verstorbenen durch Gebete, Pilgerfahrten und gute Werke, die später durch Geldspenden abgelöst wurden, aus dem Fegefeuer zu erlösen. Die Vorhölle (limbus) war für die ungetauften, aber verstorbenen Kinder vorgesehen, war aber nie Teil der offiziellen Glaubenslehre. Benedikt XVI. distanzierte sich 2007 von der Vorhölle als Hypothese.

Lasst uns unseren Glauben auf Weniges und dafür Tragfähiges reduzieren:

Unser Bewusstsein ist die Innenseite unvorstellbar komplexer biochemischer Prozesse. Ohne Biochemie gibt es kein Leben und ohne Gehirn kein Bewusstsein. So wie wir es in diesem Leben besitzen, wird es mit unserem Tod, zugleich mit unserem Leib, unwiderruflich verloren sein. Der Tod ist das Ende aller jener biochemischen Prozesse. Er beendet unser Leben. Mit dem Gehirntod sind alle unsere Erinnerungen, Fähigkeiten, Fertigkeiten und Erfahrungen ausgelöscht, unser Körper wird Asche oder Staub. Unsere Seele wird jedoch, losgelöst vom Kosmos, in raumzeitlicher Unabhängigkeit bei Gott sein, in seiner Herrlichkeit, die auch die Herrlichkeit Christi ist. Niemand weiß, wie unvorstellbar nahe, gerecht und schön. Ob wir in Etappen die Herrlichkeit Gottes sehen oder anders, ob es nach einem eventuellen Ende unserer Erde oder unseres Kosmos ein jüngstes Gericht gibt oder nicht, ob wir einen sog. verklärten Leib – was das ist, ist unklar, und jedenfalls trägt er nicht die in unserem Gehirn gespeichert gewesenen Informationen – besitzen werden oder nicht, ist reine Spekulation. Als Naturwissenschafter bin ich in dieser Hinsicht Minimalist und gebe mich keinen Spekulationen hin.

Wenn von leiblicher Auferstehung des Menschen gesprochen wird, ist dies immer in Zusammenhang mit der leiblichen Auferstehung und Himmelfahrt Christi zu sehen.

Denn der Glaube der Amtskirche beinhaltet, dass wir nach dem Vorbild Christi auferstehen (siehe letzter Absatz Kapitel 5.2), und wenn Christus leiblich auferstanden ist, dürfen auch wir darauf hoffen.

Eine leibliche Auferstehung ist nach meinem Verständnis jedoch aus naturwissenschaftlicher Sicht auszuschließen und für das ewige Leben bei Gott auch nicht notwendig. (Siehe dazu auch meine Überlegungen im letzten Absatz von Kapitel 7.8/(1) Naturwissenschaftliche Wunder.) Ich vertraue darauf, dass meine Seele bleibt und mein Leben und meine Werke als Mensch bei Gott gewertet und aufgehoben werden. Wie dieses ewige Leben aussieht, entzieht sich vollständig und absolut unserer Vorstellungsmöglichkeit. (Von manchen Theologen wird unser Eintauchen in die Ewigkeit verglichen mit einem Wassertropfen, der in das Meer zurückkehrt;[87] ich ergänze hierzu, dass wir darauf vertrauen dürfen, dass Gott von jedem Tropfen weiß, woher er kommt und welche Geschichte er hat.) Aber wir vertrauen darauf, es zu erhalten. Dieses Vertrauen setzt voraus, dass wir etwas vom verborgenen Geheimnis hinter und in allen Dingen ahnen, und dass wir es wagen, auf die Gotteserfahrung von Jesus zu setzen. Dazu benötigen wir höchsten Lebensmut.[88] Fegefeuer, Vorhölle, zeitliche Sündenstrafen und Ablass, Beispiele für die so typisch mechanistische katholische Glaubenslehre, haben hier nichts verloren. Sie werden durch Gottes Gerechtigkeit und Barmherzigkeit ersetzt.

Schwieriger ist es mit der Hölle. *Küng*[89] sieht in der Hölle die beschämende, schmerzhafte und deshalb reinigende Begegnung des Sterbenden mit Gott. *Ratzinger* (2007) sieht in der Hölle einen Zustand ohne Liebe für jene, die ihre Augen vor Gottes Liebe verschließen. Zur Hölle gibt es wieder einmal keine rationale Antwort. Wir können vollends in Gottes Gerechtigkeit vertrauen und das Wort Strafe damit vermeiden. (Um mich nicht missverstehen: Dies enthebt uns natürlich nicht unserer Aufgabe, auf dieser Welt für größtmögliche Gerechtigkeit Sorge zu tragen, wie in Kapitel 6.3 dargelegt.)

---

87 *Lenaers*, 165, *Steindl-Rast*, 220.
88 *Steindl-Rast*, 228.
89 *Küng* 1982, 179.

Exkurs: Reinkarnation (Wiederfleischwerdung, Wiederverkörperung).

Darunter versteht man die Vorstellung, dass sich eine menschliche Seele, wie ich sie verstehe, erneut in einem anderen Menschen manifestiert. Gemäß der katholischen Glaubenslehre und in Übereinstimmung mit dem Glauben, dass jeder Mensch mit seinem Leben und seiner Seele für Gott ein unverwechselbares und eigenständiges Individuum ist, für das Jesus gestorben ist, ist die Reinkarnation mit dem katholischen Glauben nicht vereinbar. (Dann würden ja zu einer Seele mehrere Körper und Leben gehören.)
Exkurs Ende.

7 Kirche

7.1 Glaubensquellen

Als Quellen des katholischen Glaubens werden definiert:
- Gott hat sich von Anfang an den Menschen kundgetan, den Stammeseltern, Noach, Abraham, Moses und den Propheten, niedergeschrieben im Alten Testament.
- Gott hat sich dann durch seinen Sohn Jesus geoffenbart; er war der Mittler und die Fülle der ganzen Offenbarung. Nach Jesus gab es keine Offenbarung mehr.
- Die apostolische Überlieferung: Darunter wird primär die mündliche Weitergabe der Botschaft Jesu durch die Apostel und die Niederschrift im Neuen Testament (Evangelien nach Matthäus, Markus, Lukas und Johannes; Apostelgeschichte; Briefe von Petrus, Paulus, Jakobus; Geheime Offenbarung von Johannes) verstanden.[90] In weiterer Bedeutung werden darunter auch kirchenrechtlich-liturgische Werke der ersten Jahrhunderte, nämlich die Didache aus dem 2. Jhd. und die Traditio Apostolica aus dem 3. Jhd. verstanden.[91]
- Die kirchliche Überlieferung und Tradition. Sie kommt von den Aposteln her und gibt das weiter, was diese der Lehre und dem Beispiel Jesu entnahmen und vom Hl. Geist vernahmen.

(1) Altes und Neues Testament

Von Seiten der Exegeten bestehen erhebliche Bedenken, nur diese Schriften der Offenbarung zugrunde zu legen: Einerseits sind sie nicht zu einer konkreten Zeit in einem geschrieben worden und enthalten Legenden und phantastische Erzählungen; die Vorstellung, dass sie die reine apostolische Lehre enthalten und diese später durch Irrlehren entstellt wurde, ist ein dogmatisches Konstrukt. Insbesondere das Johannesevangelium muss sich die Anmerkung gefallen lassen, dass es ein gnosisnahes Evangelium ist, das mehrfach von der synoptischen Tradition abweicht und erst um 100 entstand. Andererseits ist es wahrscheinlich, dass auch in den außerkanonischen Quellen teilweise

---
90 *KKK*, Rz 54-76.
91 *WP*, Apostolische Überlieferung, 27.12.10.

Überlieferungen aus dem 1. Jhd. greifbar werden.[92] Die Nichtanerkennung außerkanonischer Schriften und Schriftteilen ist für die neutestamentlichen Wissenschafter nicht akzeptabel und bedeutet einen Beitrag zur Versteinerung der kirchlichen Glaubenslehre mit ihrem Anspruch auf die Wahrheit.

Ursprünglich herrschte die Auffassung vor, dass Altes Testament und Neues Testament das geschriebene Wort Gottes sei. Leo XIII. geht noch Ende des 19. Jhd. rückhaltlos von der Irrtumslosigkeit des Wortes Gottes aus. Nach dem II. Vatikanum bekennt sich die Kirche zur historisch-kritischen Bibelforschung und die Irrtumslosigkeit der Bibel wird reduziert auf jene Bibelstellen, die unter dem »Anhauch des Hl. Geistes« aufgezeichnet wurden. Dies lässt nun in zweierlei Hinsicht einen breiten Interpretationsspielraum zu: erstens, welche Stellen sind jene, die »unter dem Anhauch des Hl. Geistes« aufgezeichnet wurden, und zweitens, wie sind Altes Testament und Neues Testament im Lichte der historisch-kritischen Bibelforschung zu verstehen ... ein weites Gebiet für Meinungsverschiedenheiten unter den Exegeten und Theologen. Für mich sind jene die glaubwürdigsten, die eine vernünftige und plausible Interpretation ohne Wunder (siehe Kapitel 7.5) und ohne bloßen Anspruch auf Überlieferung vertreten (siehe Zitat *Theißen/Merz* in Kapitel 1.1 (5)).

(2) Kirchliche Überlieferung und Tradition

Die frühchristliche Überlieferung und die apostolische Überlieferung sind sicher sehr wertvolle Hinweise, wie die Christen damals, noch unbeeinflusst von Kirchenlehrern, Päpsten, Scholastikern und Mystikern, die Botschaft Jesu interpretiert bekommen und verstanden haben. Deshalb können sie sehr wohl als Ergänzung der kanonischen Schriften (Altes und Neues Testament) herangezogen werden, liefern aus der Befassung mit den ersten drei Quellen weitere Ergebnisse, so z.B. die Glaubensbekenntnisse, die Aussagen des Lehramtes und die Liturgie, sind aber keine Offenbarung.

Aber alles Spätere unterliegt der grundsätzlichen und unvermeidlichen Möglichkeit von Fehlentwicklungen und Irrtümern. Im Neuen Testament wird mehrfach von der Gefährlichkeit der Überlieferungen und Traditionen und vor falschen Propheten ge-

---

92 *Theißen/Merz*, 38.

warnt. (Vgl. hierzu die Fehlleistungen der Kirche in Kapitel 4.1.) Primär gilt das Wort Jesu in einer vernünftigen und plausiblen Interpretation, die sich über die Jahrhunderte, zufolge des Zuwachses an Wissen und der Weiterentwicklung des Menschen, auch einmal ändern kann. »Untersucht alles kritisch, bewahrt (nur), was sich als gut erweist« schreibt Paulus (1Thess 5,24).[93]

Damit möchte ich aber die Tradition keinesfalls völlig verteufeln. »Bei allen Veränderungen muss das Band mit der Tradition bewahrt bleiben, sonst trennen wir uns von der Glaubensgemeinschaft, die aus der Begegnung mit Jesus von Nazareth geboren ist. Als Christ kann man nicht alles bekennen.«[94]

Für mich ist z.B. die apostolische Sukzession, das ist die (nicht gesicherte) Tradition, dass alle Bischofsweihen mittels Handauflegung bis zu den Aposteln zurückverfolgt werden können, eine wunderschöne Tradition im Sinne einer Selbstvergewisserung über die Treue der eigenen Kirche zur urchristlichen Tradition.

Eine Privatoffenbarung ist eine Offenbarung Christi, Mariens oder eines Engels an einen Menschen als Privatperson, die als für die Gläubigen unverbindlich, wenn auch gegebenenfalls nicht ohne Bedeutung, definiert wird.

7.2 Amtskirche und Papsttum

(1) Amtskirche

Die katholische Kirche hat gemäß ihrem Selbstverständnis drei Aufgaben für die zu ihrer Glaubensgemeinschaft gehörigen Menschen in der Gesellschaft:
- Verkündigung des Wortes Gottes
- Liturgie, das bedeutet die Vermittlung von Gnaden und Sakramenten
- Caritas, das ist die Ausübung der Option für die Benachteiligten und Armen

Unter Klerus verstehen wir in der katholischen Kirche jene Personen, die in Verkündigung und Liturgie Ämter ausüben, weil ihnen entsprechende Funktionen übertragen wurden, und die dahinter stehende Leitung (Hierarchie). Das sind der Papst, die anderen Bischöfe, die (geweihten) Priester und die Diakone.

---

93 Einige Gedanken zu den Glaubensquellen stammen aus *Neuner/Roos*.
94 *Lenaers*, 58.

Unter Amtskirche wird im deutschsprachigen Raum sehr oft, so auch hier, die offizielle Hierarchie der katholischen Kirche verstanden. Im übertragenen Sinn wird der Begriff der Amtskirche mit den Begriffen kirchliches Lehramt und Codex Iuris Canonici (CIC) gekoppelt. Unter »Rom« wird regelmäßig der im Vatikan beheimatete Teil der Amtskirche mit dem Papst verstanden.

(2) Papsttum

Es entspricht dem Selbstverständnis und der Tradition der katholischen Kirche, dass sie Weltkirche wird bzw. ist und unter der geistlichen und organisatorischen Führung eines Papstes steht. Dies ist für einen seit Jahrhunderten agierenden »global player« ein unschätzbarer Vorteil, weil dadurch eine Einigkeit, eine (geistige) Schlagkraft und eine Durchdringungsdichte der Menschheit erreicht werden kann, die keine andere Organisation auf dieser Welt aufweisen kann. Dass die geistige und organisatorische Führung durch den Papst in wesentlichen Punkten autoritär ist und die Einigkeit die Freiheit der Menschen unnötig beschränkt, ist ein Nachteil, von dem ich glaube, dass er der Kirche noch sehr viel schaden wird, bevor er durch eine bessere Mitbestimmung der Bischöfe und Laien und demokratische Verhaltensmuster entschärft wird.[95] Die bisherigen Ansätze (Bischofssynoden, allgemeine Synoden, Laienrat u.s.w.) sind zaghaft und ungenügend.

Manchmal habe ich den Eindruck, dass der Papst von seinen Kurienkardinälen und Beratern suboptimal beraten wird bzw. die Kurienkardinäle im Vatikan in ihrer eigenen Welt, ohne Nutzung oder in krasser Fehleinschätzung der modernen Kommunikationsmöglichkeiten, leben. Ich denke dabei pars pro toto an die aus dem Internet leicht eruierbare Einstellung des Bischofs Williamson zu den Nazi-Gräuel und die Äußerung von Kardinal Sodano zu den Missbrauchsvorwürfen in der Kirche.

Für mich ist das Papsttum grundsätzlich einfach vernünftig; wir brauchen uns nur die Zersplitterung in der Orthodoxie, in den vielen reformierten Kirchen und in den sonstigen christlichen Kirchen ansehen. Die theologische Herleitung und der Anspruch des Papstes, der Stellvertreter Christi auf Erden zu sein, wird immer wieder angegriffen und ist für mich nicht wesentlicher Glaubensinhalt.

---

[95] Anleitungen für einen besseren Führungsstil würde Rom bei *Aigner*, 25ff finden.

(3) Lehramt

Unter Lehramt (Magisterium) verstehen wir die Lehrautorität, die von bestimmten Personen und kirchlichen Instanzen ausgeübt wird. Für die katholische Kirche ist inhaltlich der vom Papst und den Bischöfen festgesetzte und verlautbarte Glaubensinhalt bzw. dessen Interpretation maßgebend. Die Amtskirche beansprucht erst seit der Gegenreformation ausdrücklich das Monopol der Lehrautorität für sich. Der Glaubensinhalt – fälschlich immer wieder mit »Wahrheit« bezeichnet – wird aus den Glaubensquellen gemäß Kapitel 7.1 abgeleitet und durch Konzilsbeschlüsse, Dogmen und päpstliche Dokumente (in den letzten Jahrhunderten: Enzykliken, Apostolische Schreiben) verpflichtend gemacht. In Verbindung damit fordert die Amtskirche Gehorsam von den Gläubigen in dem Sinn, dass der Glaubensinhalt geglaubt und die Gebote und Verbote der Kirche befolgt werden. Nun sehe ich das so, dass das Wort Gehorsam hier völlig fehl am Platz ist, weil nur Christus von uns verlangen kann, dass wir seine Worte beherzigen und seiner Botschaft folgen. Beim gegebenen Vertrauensverlust (siehe Kapitel 4.3) hat die Amtskirche jeden Anspruch auf Gehorsam der Gläubigen verloren.[96]

(4) Dogmen

Unter einem Dogma versteht man eine fest stehende Definition oder eine grundlegende (Lehr-) Meinung, deren Wahrheitsanspruch als unumstößlich gilt. In der christlichen Theologie wird dieser Begriff wertneutral für einen Lehrsatz gebraucht, der unter Berufung auf göttliche Offenbarung, die Autorität der kirchlichen Gemeinschaft bzw. des kirchlichen Lehramtes oder auf besondere Erkenntnisse als wahr und relevant gilt.

In den alten christlichen Kirchen, vor der Trennung der katholischen und der orthodoxen Kirche 1054 (morgenländisches Schisma), wurden nach der Beschlussfassung über das Apostolische Glaubensbekenntnis folgende wesentliche Dogmen auf Konzilen beschlossen:
325 (Nicäa): Christologiestreit; Christus ist wesensgleich mit dem Vater.

---

96 Dazu sehr überzeugend Herbert Kohlmaier, Müssen ungehorsame Kirchenmitglieder eine Exkommunikation fürchten? Rundbrief Nr.12, 24.9.11.

381 (Konstantinopel I): Dreifaltigkeit; der Hl. Geist geht von Gott aus (und wurde nicht wie Christus aus Gott gezeugt).
431 (Ephesus): Christologiestreit; Maria ist Gottesgebärerin.
451 (Chalkedon): Christologiestreit; Christus ist wahrer Gott und wahrer Mensch, unvermischt und ungeschieden.
553 (Konstantinopel II): Ende des Christologiestreites; Maria ist nicht nur Mutter des Menschen Jesus.
Die Dogmen in der katholischen Kirche:
1215 (Laterankonzil): Transsubstantiation (Wesensverwandlung von Brot und Wein in Leib und Blut Christi); nicht endgültig beschlossen
1563 (Konzil von Trient): 17 dogmatische Dekrete, die sich mit drei Themenkreisen befassten. Zum einen behielt die Tradition und kirchliche Überlieferung (im Gegensatz zu »sola scriptura« der Protestanten) ihre Bedeutung. Zum Zweiten wurde die Lehre über die Erbsünde und die Rechtfertigung festgeschrieben (des Menschen eigenes Tun kann verdienstlich sein; im Gegensatz zu den Protestanten, die das Heil für den Menschen nur durch die Gnade Gottes sahen). Zum Dritten wurden die sieben Sakramente festgeschrieben (im Gegensatz zu den zwei Sakramenten der Protestanten; endgültige Beschlussfassung der Transsubstantiation).
1854 (Pius IX.): Unbefleckte Empfängnis (ohne Erbsünde empfangen) Mariens
1870 (I. Vatikanum): Unfehlbarkeit des Papstes
1950 (Pius XII.): Leibliche Aufnahme Mariens in den Himmel

Karl Rahner SJ schrieb einmal: »Dogmen sind wie Straßenlaternen. Sie weisen in der Nacht dem Irrenden den Weg. Aber nur Betrunkene halten sich daran fest.«[97] Nachdem ich kein Betrunkener bin, halte ich mich an Karl Rahner fest.

Insoweit nach meinem Verständnis wesentliche Dogmen Christus, die Dreifaltigkeit, die Erbsünde und die Rechtfertigung betreffen, behandelte ich sie in den Kapiteln 5.2, 5.3, 6.1 und 6.2.

Insoweit nach meinem Verständnis wesentliche Dogmen die Sakramente und Maria betreffen, werde ich sie in den Kapiteln 7.3 und 7.5 behandeln. Dabei werde ich im Sinne Karl Rahners versuchen, aus den einzelnen Dogmen jeweils eine glaubensfähige, heute vertretbare Aussage herauszuarbeiten, und nicht einfach ein Dogma als Unsinn bezeichnen.

---

[97] Gefunden im Pfarrbrief St. Josef Margareten, 1050 Wien, Nr.1/2011.

Bleibt noch das Unfehlbarkeitsdogma, das in der 1870 beschlossenen Form für mich so wie es entstanden ist und gehandhabt wurde, nicht akzeptabel ist. Das 80 Jahre darauf verkündete Mariendogma von der leiblichen Aufnahme in den Himmel ist der Beweis für die Unhaltbarkeit des Unfehlbarkeitsdogmas. Die Unfehlbarkeit eines Glaubenssatzes muss auf einer breiten Basis unter Mitwirkung der Bischöfe, von Theologen und von Gläubigen (»sensus fidelium«) erarbeitet werden.

(5) Naturrecht und göttliches Recht

Dieser Punkt bringt nur der Vollständigkeit halber in Erinnerung, dass über die eigentlichen Glaubensquellen hinaus Rechtsbereiche existieren, deren Existenz allgemein nicht bestritten wird, deren Inhalt jedoch schon. Daraus ergeben sich für die Amtskirche Spannungsfelder, die bisher nicht vollständig beherrscht werden. Auf die historische Entwicklung von Naturrecht und göttlichem Recht gehe ich nicht ein.

Naturrecht (ius naturale), auch überpositives Recht genannt, ist eine rechtsphilosophische Bezeichnung für das Recht, das dem durch soziale Normen geregelten gesetzten (positiven) Recht vorhergeht und übergeordnet ist.[98] Quellen des Naturrechtes sind beispielsweise:
- Gott oder eine bestimmte Gottheit, der/die die Rechtsprinzipien bei der Schöpfung geschaffen hat,
- der als göttliches Gesetz gedeutete Logos, der die Welt ordnet und ihre Abläufe regelt (darunter ist für mich nichts vorstellbar),
- das in das menschliche Individuum eingeschriebene und wirkende Naturgesetz (Fähigkeit zur Selbsterkenntnis und Orientierung des Gewissens) im Unterschied zu den von den Menschen so definierten rein instinktiven Naturgesetzen des Tierreiches,
- die Natur als solche,
- die Vernunft.

Ab dem 17. Jhd. verselbstständigte sich das Naturrecht gegenüber dem göttlichen Recht und übte als konstantes Wertesystem Einfluss auf den Rechtspositivismus aus. Insbesondere gewann

---

[98] *WP*, Naturrecht, 6.5.11.

es mit der Erklärung der Allgemeinen Menschenrechte 1948 an Bedeutung.

Mit göttlichem Recht (ius divinum)[99] werden Rechtsnormen bezeichnet, die nach Ansicht der eine Rechtsordnung beherrschenden Religion auf Rechtssetzungen Gottes oder einer göttlichen Instanz zurückführbar sind (etwa auf die Zehn Gebote) und die daher unabänderlich gelten. Göttliches Recht gehört zum überpositiven Recht und wurde lange mit dem Naturrecht gleichgesetzt.

Die katholische Glaubenslehre differenziert in positiv-göttliches Recht, das unmittelbar der Offenbarung der Bibel zu entnehmen ist, und natürliches göttliches Recht, das aus den Hinordnungen der menschlichen Natur abgeleitet werden kann und dem Naturrecht vergleichbar ist.

Rom beruft sich gern darauf, dass das Naturrecht für die Kirche nicht oder doch nicht ohne Einschränkungen gelten kann, weil für sie als von Jesus gestiftete Gemeinschaft ganz eigene Regeln gälten, die eben als geoffenbartes göttliches Recht anzusehen seien. Und damit sei z.B. innerkirchliche Freiheit, Demokratie, Gleichheit (Gleichberechtigung von Mann und Frau), Rechtsstaatlichkeit und Subsidiarität letztlich unvereinbar.

Dagegen ist zu sagen, dass alle diese Werte heute in der kirchlichen Staats- und Gesellschaftslehre als naturrechtlich begründet und daher unabdingbar angesehen werden. Dem Anspruch der Kirche, das Naturrecht für die Kirche außer Kraft zu setzen, hielt schon Francisco de Vitoria (1483-1546), der Gründer der Schule von Salamanca, entgegen, dass nichts, was von Natur aus erlaubt ist, durch das Evangelium verboten sein dürfe. Gerade darin bestehe die evangelische Freiheit.[100] Was göttliches Recht ist, beruht auf der Interpretation von Gottes Wille und ist für mich als Naturwissenschafter extrem irrtumsgefährdet. Rahner sprach etwas vornehmer von einer »Zeitgestalt des Göttlichen Rechts. Doch im Gestaltwandel gibt es Wesensidentität.«[101]

Als unveränderliche, dem Willen des menschlichen Gesetzgebers entzogene Rechtstatsachen gelten unter anderem:

---

99 *WP*, Göttliches Recht, 3.11.10.
100 Dieser Absatz nach Heribert Franz Köck, Die Zukunft der katholischen Kirche, Referat am 29.4.10 in Wien.
101 www.bistum-regensburg.de/borPage003545.asp.

- der päpstliche Primat: siehe Kapitel 7.2(2),
- die Einteilung der Gläubigen in Kleriker und Laien: ist vernünftig, solange hinsichtlich Menschenrechte und Menschenwürde nicht differenziert wird,
- das Recht der Gläubigen auf Empfang der Sakramente: ist vernünftig, wird jedoch von Rom nicht immer beachtet,
- die Gleichheit und Würde aller Gläubigen: ist vernünftig, muss sich jedoch auf alle Menschen erstrecken,
- die Unauflöslichkeit der Ehe: siehe Kapitel 7.3(5),
- die Verpflichtung zur Buße: siehe Kapitel 7.3(2).

Umstritten ist, ob das Verbot der Priesterweihe an Frauen zum göttlichen Recht gehört.

7.3 Sakramente und Eucharistie

Konservative katholische Gläubige, Klerus wie Laien, monieren immer wieder, dass der kritische Katholizismus nicht vom Glauben, über die Sakramente und über das Credo, sondern nur von Demokratie, Gleichberechtigung und Sexualmoral redet.[102] Dem halte ich entgegen, dass es zahlreiche Theologen gibt, die sehr wohl über diese Fragen schreiben und reden und die kritischen Katholiken eben darauf aufbauen. In diesem Sinn kann man auch mir diesen Vorwurf nicht machen, da ich sehr wohl zu den wesentlichen Glaubensinhalten Stellung nehme, im Folgenden eben zu den Sakramenten.

Als Sakrament wird in der christlichen Theologie ein Ritus bezeichnet, der als sichtbares Zeichen bzw. als sichtbare Handlung eine unsichtbare Wirkung Gottes bewirkt, sie vergegenwärtigt und an ihr Anteil gibt.[103]
Wunderbar ausgedrückt und kurz gesagt: ein Sakrament ist eine symbolische Handlung, die bewirkt, was sie darstellt.[104] Im Laufe der Entwicklung der katholischen Glaubenslehre hat sich im 13. Jhd. auf dem Wege der Tradition die Siebenzahl der Sakramente durchgesetzt und sie wurde auf dem Konzil von Trient 1563 festgeschrieben. Nach katholischer Auffassung wurden sie durch Chris-

---

102 Interview mit Matthias Matussek, Frankfurter Allgemeine 12.6.11, Feuilleton. Ähnlich auch Stimmen aus der kirchlichen Hierarchie in Österreich.
103 *WP*, Sakrament, 15.5.11.
104 *Steindl-Rast*, 197.

tus eingesetzt[105]. Dies ist jedoch nicht korrekt, weil die Exegeten nur drei Sakramente als von Jesus eingesetzt erkennen, nämlich die Taufe, die Buße und die Eucharistie. (So auch Luther.)

Die Siebenzahl der Sakramente und ihre damit verbundene Bedeutung – sakramentale Begleitung am Lebensweg eines Menschen – hat nichts an sich, was der Vernunft widerspricht, und so gesehen ist verständlich, wenn sich die Glaubenslehre auf die Tradition beruft und sagt, dass in den Sakramenten Jesus Christus selbst wirkt und durch seine Kirche handelt.

Ihren Ort haben die Sakramente in der Liturgie als Feier der Kirche. Sie stellen das in Christus gewirkte Heil dar, bieten einen Ausblick auf die Vollendung der Heilsgeschichte und werden so wirksam für die Gegenwart als Orte der Begegnung von Gott und Mensch. Nach kirchlicher Lehre ist das Sakrament kein bloßer Symbolismus. Jedoch gehört zu jedem Sakrament ein äußeres Zeichen, durch das eine bestimmte innere Gnade angedeutet und zugleich auch mitgeteilt wird. Die Gültigkeit der Spendung eines Sakramentes ist, nach dem Grundsatz ex opere operato, an die Form (z.B. Taufformel), an ein stoffliches Element (z.B. Taufwasser) und an die Intention des (legitimierten) Spenders, dieses Sakrament zu spenden, gebunden. Die Früchte der Sakramente sind auch von der inneren Verfassung ihrer Empfänger abhängig; ein Sakrament darf nicht unwürdig empfangen werden.

Die Bindung der Spendung eines Sakraments an bestimmte Handlungen und Worte und an die Legitimation des Spenders ist zwar aus Sicht ihres Symbolgehaltes und auch, um etwaigen Missbrauch zu unterbinden, vernünftig, aber aus meiner Sicht nicht notwendig. Zu sehr kommt hier wieder eine mechanistische Denkweise zum Durchbruch:

Hinsichtlich der Bindung an Handlungen und Worte wird man nach der Bedeutung des Sakramentes und der Tatsache, ob eine Notsituation oder nicht vorliegt, differenzieren müssen. Diese Bindung an Handlungen und Worte veranlasste schon manchen Theologen, kritisch darüber nachzudenken.

Hinsichtlich der Legitimation des Spenders wird man auch differenzieren müssen. Bei manchen Sakramenten wird die Intention des Spenders und des Empfängers maßgebend sein und den Rest wird man wohl Christus überlassen dürfen.

---

105 *KP*, Sakrament, 4.1.11.

Aus meiner Sicht ist das Wesentlichste, dass der Empfänger eines Sakramentes weiß, was dies bedeutet, will, dass er Christus in diesem Sakrament begegnet, und die bewusste Absicht hat, dieses Sakrament in sich wirken zu lassen.[106] Eine würdige liturgische Feier ist eine unabdingbare Notwendigkeit, um der mechanistischen Denkweise gegenzusteuern.

(1) Taufe

Die Taufe ist das fundamentale Sakrament, weil sie den Menschen aus der Macht der Sünde und des Todes herausreißt, und steht so quasi am Eingang der Kirche. Die Taufe ist ein in Freiheit geschlossener Bund zwischen Mensch und Gott, sie nimmt den Getauften hinein in die Gemeinschaft der Kirche und der Täufling wird neu geboren zu ewigem Leben. Die äußeren Zeichen der Sakramentenspendung sind die Verwendung von Wasser als Zeichen für die Reinwaschung von der Erbsünde und die Salbung mit Chrisam. Letztere ist ein Zeichen der (königlichen, priesterlichen und prophetischen) Würde des Menschen, der nun Christus angehört.[107]

Dies mag vollinhaltlich für die Erwachsenentaufe gelten, aber nicht mehr für die Kindertaufe. Zur Befreiung von der Schuld der Erbsünde verweise ich auf Kapitel 6.1. Bei der Kindertaufe geht es aus meiner Sicht um zwei Dinge:
- um die offizielle Aufnahme des kleinen Menschen in die katholische Kirche,
- um das Versprechen der Eltern und des Taufpaten, sich um die Glaubensbildung des Kindes zu bemühen – daher die Wichtigkeit der Taufvorbereitung –,
- um die Entfaltung des Sakramentes und seiner Gnadenwirkung, wozu auch die Schuldlosstellung infolge der Sündenverflochtenheit (siehe Kapitel 6.1, letzter Absatz) gehört.

(2) Buße

Alternative Bezeichnungen: Sakrament der Beichte, Umkehr, Vergebung, Versöhnung.

---

[106] So auch Prof. Walter Raberger bei seiner Predigt in Bad Ischl am 14.8.11.
[107] *KP*, Taufe, 19.2.11.

In der Beichte vergibt Christus dem Büßer seine Sünden nach der Taufe bzw. nach der letzten Beichte durch die Worte des Priesters. Nach dem Begehen einer schweren Sünde ist eine Beichte erforderlich, um wieder in den Stand der Taufgnade zu kommen. Zu einer Beichte gehört Reue, ein Bekenntnis und Buße. (Ich erinnere mich an unsere katholische Erziehung: die Beichte bestand aus sechs »B«: beten, besinnen, bereuen, bessern, beichten, büßen. Gar nicht so schlecht.) Eine Sünde hat nämlich eine doppelte Folge: Eine schwere Sünde beraubt uns der Gemeinschaft mit Gott und macht uns dadurch zum ewigen Leben unfähig; das zieht die ewige Sündenstrafe nach sich. Eine leichte Sünde zieht eine zeitliche Sündenstrafe nach sich, die durch den Büßer zu tilgen ist, und zwar z.B. durch Gebete, gute Werke, Teilnahme an der Messe, Almosen.

Das Bußsakrament, oft einfach Beichte genannt, geht auf Joh 20,23 zurück (»Denen ihr die Sünden nachlässt, denen sind sie nachgelassen«) und machte im Laufe der Jahrhunderte eine große Umwandlung durch. In den ersten Jahrhunderten nach Christus wurden die Sünden öffentlich bekannt und die Sünder mussten für ihre Sünden oft jahrelang Buße tun. Ab dem 7. Jhd. fand eine Umwandlung in die Ohrenbeichte statt, die in den letzten Jahrzehnten immer mehr in Vergessenheit geriet. Dies ist darauf zurückzuführen, dass einerseits die Gläubigen wohl wussten, dass eine Beichte nur nach schweren Sünden zur Versöhnung mit Gott notwendig ist und leichte Sünden auf andere Weise vergeben werden können, z.B. durch den Bußakt in der heiligen Messe, andererseits das Sündenbewusstsein generell in starkem Abnehmen begriffen ist.[108]

In der katholischen Glaubenslehre kommt die mechanistische Denkweise wieder voll zum Durchbruch. Das wesentliche am Bußsakrament ist nämlich, dass es mit der Lossprechung allein nicht getan ist, sondern dass ein bewusster und konkreter Akt der Einsicht (im Sinne von Wiedergutmachung, soweit noch möglich) und Umkehr (im Sinne von besser machen) folgen sollte, um begangenen Unsinn künftig zu vermeiden. Das ist unter Buße zu verstehen. Wenn wir dazu ein Dankgebet beten oder eine Wallfahrt durchführen oder gute Werke vollbringen, ist das nur ein Eingeständnis der eigenen Schwäche und eine Bezeugung des Dankes, dass uns von Gott verziehen wurde. Für einen

---

108 *KP*, Beichte, 2.4.11, *KKK*, u.a. Rz 1472, *Lenaers*, 213ff.

Menschen, der keine schwere Sünde begeht, ist es wichtig, von Zeit zu Zeit (täglich kurz am Abend, wöchentlich bei der heiligen Messe, fallweise Aussprache mit einem priesterlichen Freund) sein Gewissen zu erforschen, u.U. mit Hilfe eines Gewissensspiegels oder eines geistlichen Freundes, und an Bußakten, z.B. bei der heiligen Messe, teilzunehmen.

(3) Eucharistie

Eucharistie bedeutet wörtlich »Danksagung«, und zwar Danksagung für die Gaben, durch die Christus in die Mitte der Versammelten kommt. Im übertragenen Sinn bedeutet der Begriff Eucharistie (manchmal auch Altarssakrament genannt) das von Jesus gestiftete Sakrament des gemeinsamen Mahls, in dem Christus mit den Menschen eine ganz tiefe Gemeinschaft eingeht. Im weiteren Sinn versteht man darunter auch die Feier der heiligen Messe insgesamt (Eucharistiefeier) bzw. innerhalb dieser den Teil vom Hochgebet bis zur Kommunion bzw. den Vorgang der Wesensverwandlung von Brot und Wein in den Leib und das Blut Christi bzw. die Elemente (Brot, Wein) selbst.[109]

In der katholischen Glaubenslehre hat die Eucharistie eine vierfache Wirkung:
- Vergegenwärtigung des Kreuzesopfers Jesu und damit Mittel zum geistlichen Wachstum und zur persönlichen Heiligung (früher sprach die Kirche noch von der unblutigen Erneuerung des Kreuzesopfers),
- Mahlgemeinschaft und Verbindung mit Christus ohne irgendwelche intellektuelle Vorleistung,
- Bewirkung von Zeichen, die uns im Glauben an die wirkliche Gegenwart Christi bestärken und uns über das Irdische hinausführen,
- heilender Aspekt und heilende Dimension (in Hinblick auf die Krankenkommunion).[110]

Unter Transsubstantiation wird die Verwandlung von Brot und Wein in Leib und Blut Christi (Wesensumwandlung) in der Wandlung verstanden. Unter Realpräsenz wird die leibhaftige Anwesenheit Christi mit Gottheit und Menschheit in den eucharistischen Gaben verstanden.[111] Diese beiden Begriffe wurden im Mittelalter in der scholastischen Theologie herausgearbeitet.

---
109 *WP*, Eucharistie, 15.5.11.
110 *KP*, Eucharistie, 13.5.11.
111 *KP*, Transsubstantiation, Realpräsenz.

Das Sakrament der Eucharistie ist das wichtigste und bedeutendste Sakrament, weil Christus, mit der Eucharistiefeier und dem Empfang des Sakramentes, sich mit uns auf übernatürliche Weise vereint und wir untereinander zum mystischen Leib Christi verbunden und durch die dabei empfangene Gnade gestärkt werden. Eine intensivere und direktere Begegnung mit Christus ist in dieser Welt wohl nicht möglich. Dazu brauche ich aber weder eine Transsubstantiation noch eine Realpräsenz, sondern einfach den Glauben. Wenn jemand diese beiden Gedankenkrücken benötigt, um sich die Begegnung mit Christus besser vorstellen zu können und an die Wirkung des Sakramentes zu glauben, dann ist das auch gut und er verdient volle Achtung vor dieser seiner Einstellung. Als Naturwissenschafter ist es mir jedoch verwehrt, die Wesensumwandlung von materiellem Brot und Wein in eine Erscheinungsform des unendlichen Gottes und deren leibhaftige Präsenz zu verstehen. Und damit stehe ich wirklich nicht allein, sondern in guter und zahlreicher Gesellschaft.

Exkurs: Systemtheorie.

Systemtheorie ist ein interdisziplinäres Erkenntnismodell, in dem Systeme zur Beschreibung und Erklärung unterschiedlich komplexer Phänomene herangezogen werden. Die Begriffe der Systemtheorie werden in den unterschiedlichsten wissenschaftlichen Disziplinen angewendet. Sie ist nicht nur eine eigenständige Disziplin, sondern auch ein weitverzweigter und heterogener Rahmen für einen interdisziplinären Diskurs, der den Begriff Systemtheorie als Grundkonzept führt.
Soweit eine allgemeine Definition der Systemtheorie.
Unter einem System versteht man eine Menge von Elementen und eine Menge von Eigenschaften, zwischen denen eine Menge von Beziehungen besteht. Dies ist die allgemeinste Formulierung. In der Systemtheorie unterscheidet man nun Elemente ohne systembildende Eigenschaften und Elemente mit systembildenden Eigenschaften. Schon Aristoteles erkannte dies und sagte: »Ein System ist mehr als die Summe seiner Teile.« Stellen wir uns drei gleiche Elemente vor, die die Eigenschaft haben, dass sie jeweils einen Kreissektor mit einem Öffnungswinkel von 120° bilden. Dann bilden zwei Elemente noch kein System, drei Elemente aber schon, weil sie in ihrer Summe einen Kreis darstellen. Und das ist viel mehr als die Summe von dreimal 120°, nämlich eine völlig neue Figur, mit der man sehr viel anfangen kann.

Eine wesentliche Aufgabe im Rahmen meiner Lehrtätigkeit war, meine Studenten in der Erkennung von Systemen zu schulen, letztere zu analysieren und die Regelungsmechanismen herauszuarbeiten. Ganz wichtig war dabei herauszufinden, ob bei der Hinzufügung neuer Elemente (z.B. Störungen) das System regelbar war, oder ob dadurch überhaupt ein neues System entstand, welches neue Regelungsmechanismen erforderte.
Ende Exkurs.

Wenn ich nun die Eucharistiefeier als Vorgang in einem System mit den Elementen Priester, Gaben (Brot und Wein) und Gemeinschaft der Gläubigen betrachte, dann entsteht durch die Systembildung (Konsekrationsworte des Priesters in der Gemeinschaft) etwas völlig Neues: Christus ist in unserer Mitte, bereit zur Begegnung mit uns, und es liegt am Menschen, sich durch den Empfang der Kommunion in dieses neue System einzuklinken. Damit sind Brot und Wein ein wesentliches Element, ohne das Christus nicht in unserer Mitte ist, und sind nicht nur Symbol. Allerdings ist Christus nicht an Brot und Wein gebunden, wie die Lehre in mechanistischer Auffassung meint.

Wie dieses Geheimnis der Begegnung mit Christus in einer Gemeinschaft durch das Sprechen der Wandlungsworte für die Gaben (Brot und Wein) unter den ersten Christen verstanden wurde und zeitlos ist, ohne Verwendung der Worte Transsubstantiation und Realpräsenz[112], beschreibt *Trummer* sehr schön vor dem historischen Hintergrund, so umfassend und beeindruckend, dass ich mir keine Zusammenfassung zutraue.[113] Allerdings berichtet *Trummer* auch, dass im Urchristentum durchaus nicht nur Männer als Vorsteher die Dankesworte sprachen, sondern wahrscheinlich auch Frauen.[114]

Mit der systemtheoretischen Betrachtungsweise werden auch die Probleme umgangen, die die mechanistische Betrachtungsweise mit sich bringt: ab welcher Brotkrumen-Größe und Weintropfen-Größe sind sie nicht mehr Christ Leib und Blut? Was geschieht mit dem Tuch, mit dem der Priester den Kelch

---

112 Korrekt gesagt verwendet *Trummer*, 148 das Wort Realpräsenz nur einmal um festzustellen, dass Bischof Ignatius von Antiochien im 2.Jhd. kein früher und verfrühter Zeuge einer späteren Realpräsenz ist.
113 *Trummer*, 147ff (Eucharistie und Mysterien).
114 *Trummer*, 165/166, 171ff (Teamwork).

abtrocknet? Was geschieht mit unbemerkt verlorenen Brotkrumen und verschütteten Weintropfen?

»Das Brotbrechen miteinander ist schon seit Anfang der christlichen Tradition Herzstück des Gemeinschaftslebens. Es verbindet die christliche Gemeinde, die es heute feiert, mit Christus, auf den sie zurückgeht, und dies nicht nur spirituell, sondern schon rein geschichtlich ... Wie wir diese Gegenwart begrifflich fassen und verstehen sollen, darüber schweigt das Credo; das ist auch unwichtig im Vergleich zur gelebten und erlebten Tischgemeinschaft. Selbst die klarsten und treffendsten Begriffe haben ja nur im Rahmen eines bestimmten philosophischen Systems ihre Bedeutung. Die Sprache eines jeden solchen **Systems** (Hervorhebung durch mich) bleibt aber nur für eine beschränkte Zeit und in einem begrenzten geographischen Bereich verständlich. Dagegen ist das Erlebnis der göttlichen Gegenwart im heiligen Mahl allen Menschen zu allen Zeiten zugänglich.«[115] Ist *Steindl-Rast* nicht ein Meister in Aussagen, die nicht direkt gemacht werden dürfen?

Als ich noch Ministrant war, wurde ich öfters zum Ministrieren bei der Messe eines Religionslehrers um 5h30 an einem Nebenaltar eingeteilt. Damals wurde sie noch nach dem tridentinischen Ritus in Latein gelesen. Dieser Geistliche war bekannt dafür, dass die heilige Messe bei ihm nur 20 Minuten dauert. Außer mir war niemand dabei. Ich maße mir natürlich nicht an, ein Urteil über die gnadenmäßige Nachhaltigkeit einer derartigen Messe abzugeben, und überlasse dies Christus. Jedenfalls ist an diesem Beispiel die mechanistische Denkweise wieder einmal ersichtlich: Sprechen der Wandlungsworte durch den Priester, Christus ist ohne Wenn und Aber im Brot real gegenwärtig und der Gnadenstrom setzt ein.

Die Krankenkommunion kann natürlich kein Ersatz für die Teilnahme an der Eucharistiefeier sein. Bemerkenswert ist, dass der Märtyrer und Kirchenvater Justin in der ersten Apologie für das Christentum an Kaiser und Senat schon von der Bringung des Brotes zu Nichtanwesenden berichtet.[116] Ich sehe hier ein Analogon zur Begierdetaufe, die den Ersatz für eine Taufe, die ein Täufling ersehnt, aber aus den gegebenen Umständen nicht erhalten kann, darstellt. Ich gehe davon aus, dass Christus mit der Krankenkommunion auch zu denen kommt, die ihn ersehnen, aber krankheitshalber an der Teilnahme der Eucharistiefeier verhindert sind. Hat doch Jesu Sorge immer auch den Kranken gegolten.

---

115 *Steindl-Rast*, 198.
116 *Trummer*, 154.

Schon bei den Juden war der Tempel das Haus, in dem Gott wohnte. Nicht anders ist es mit unseren Kirchen, in denen regelmäßig Eucharistie gefeiert wird. Das Allerheiligste erinnert uns daran und es steht uns gut an, davor Ehrfurcht zu haben. Ich gehe gerne in Kirchen, mit Ehrfurcht, nicht nur wegen ihrer Architektur, Fresken, Statuen und Bilder, sondern einfach weil ich Gott besuche und mit ihm rede. Unabhängig davon, ob ein rotes Licht leuchtet oder nicht. Aber wenn ein rotes Licht leuchtet, weiß ich, dass es hier regelmäßig Eucharistiefeiern gibt. Und wenn ich zu Fronleichnam an der Prozession teilnehme, lege ich öffentlich Zeugnis dafür ab, dass ich an die Begegnung mit Christus in der Eucharistie glaube. Mehr nicht.

(4) Firmung

Die Firmung gehört zu den Sakramenten der christlichen Initiation; sie ist nach der Taufe das zweite Sakrament der Initiation. (Früher wurden Erwachsenen-Taufe und Firmung in Einem gespendet.) Als Sakrament wurde sie theologisch im 12. Jhd. herausgearbeitet.

Durch das Sakrament der Firmung werden die Getauften vollkommener der Kirche verbunden, mit der Kraft des Hl. Geistes ausgestattet und bekommen ein geistiges Siegel, ein Siegel des Hl. Geistes. Die Entwicklung zum selbstständigen Sakrament erfuhr die Firmung in der mittelalterlichen Scholastik im 12. Jhd.[117] Die beiden äußeren Zeichen sind die Salbung mit Chrisam und die Handauflegung. Eine Salbung ist ein religiöses Ritual der Heiligung und der Weihe, so auch hier. In der Handauflegung kann man das kreative Zeichen dafür lesen, dass eine Verbindung mit einer höheren Macht hergestellt wird. Damit soll das Sakrament der Firmung schöpferisch und fruchtbar werden.

Für eine mittelfristig wirksam bleibende Sakramentenspendung ist das altersbedingte Erreichen einer entsprechenden Vernunft und eine entsprechende Firmungsvorbereitung eine ganz entscheidende Voraussetzung. In Österreich wird sie an Jugendliche mit etwa 15-16 Jahren, nach freier Entscheidung des Jugendlichen, gespendet. In Italien werden z.B. die jungen Menschen erst vor dem Eintritt in den Beruf gefirmt.

---

117 *KP*, Firmung, 16.4.11.

(5) Trauung

Das Trauungssakrament, wie das Ehesakrament korrekt heißen sollte, spenden die Brautleute einander im Beisein eines Priesters. Es hat sich erst im 11. Jhd. als Sakrament durchgesetzt.

Nach dem von der katholischen Kirche so erkannten göttlichen Recht ist eine gültig geschlossene und vollzogene Ehe unauflöslich.

Das Band der Ehe zwischen den Eheleuten kann als Abbild der Einheit von Christus mit seiner Kirche und Abbild der Liebe und Treue Gottes zu jedem Menschen aufgefasst werden.

Die Ehe und mit ihr die Familie, so aus der Ehe Kinder entsprossen, ist die kleinste Zelle im Zusammenleben der Menschen, die entsprechend starke Bindungen haben sollte. Und dazu gehören vor allem Liebe und Treue. Deshalb ist die Unauflöslichkeit der Ehe ein ganz wichtiges Ziel im Zusammenleben von zwei Eheleuten. Zur Erreichung dieses Zieles bedarf es neben der Liebe, die sich bekanntlich mit der Zeit wandelt, einer Reihe von Eigenschaften, die ein Zusammenleben auf eine längere Zeit hin ermöglicht. Die wichtigste darunter ist die absolute eheliche Treue, ohne die das Vertrauen ineinander nicht auskommt. Die Eigenschaften eines Menschen ändern sich jedoch mit der Zeit; manche werden weniger stark ausgeprägt, manche verstärken sich oder treten überhaupt eher überraschend auf. Da kommt es darauf an, wie die Eheleute mit dieser Veränderung des Partners, den sie geheiratet und dem sie die lebenslange Treue versprochen haben, zu Recht kommen. Manche verkraften das, manche passen sich an, manche leider nicht. Natürlich kann die Gnade Gottes ein Hilfsmittel sein. Trotzdem kann sich eine Ehe totlaufen. Ursachen und Schuld hierfür findet man immer.

Wenn eine Frau, die regelmäßig von ihrem Mann vergewaltigt, geschlagen und betrogen wird, Jesus die Frage gestellt hätte, ob sie ihren Mann verlassen dürfe, hätte er, so meine ich, wahrscheinlich geantwortet: »Tue, was dir als richtig erscheint.«

Eugen Biser entwickelte die These der drei Urängste des Menschen:
- »Die erste Angst ist die vor Gott, die auch den Atheisten betrifft, denn auch er sucht nach einem letzten Halt.
- Die zweite Angst ist die vor den Mitmenschen, den sie veranlasst den Einzelnen, selbst den liebsten Menschen nur

bis zu einem letzten Sicherheitsabstand an sich heranzulassen, weil dieser sich womöglich in einen Feind verwandelt.
- Die dritte Angst ist die unheimlichste aller Ängste, das ist die Angst des Menschen vor sich selbst. Kein Mensch könne in einem letzten Sinn für sich einstehen, weder in rationaler, noch in ethischer und schon gar nicht in biologischer Hinsicht. Niemand von uns weiß, ob er morgen noch über dieselbe intellektuelle Kompetenz verfügt. Niemand weiß, ob er unter entsprechenden Belastungen seine Ethik aufrecht erhält oder umfällt oder ins Gegenteil stürzt.«[118]

Eine längere Zeit des Kennenlernens, eine gute Ehevorbereitung und regelmäßige Begegnungen mit Christus sind eine notwendige, leider aber keine hinreichende Bedingung für ein lebenslanges erfülltes Eheleben mit allen Tiefen und Höhen.

Wenn nun ein Mensch nach einer zerbrochenen Ehe eine neue Partnerschaft eingeht und sie auch lebt, lebt er nach der katholischen Glaubenslehre in einer schweren Sünde, die die Kirche nur dann vergeben kann, wenn der Sünder Reue zeigt und in Umkehr einwilligt, was natürlich unrealistisch ist. Und deshalb kann er nach dem Tod keine Gemeinschaft mit Gott finden.

Nicht nur ich, sondern viele Priester, Theologen und gewissensgebildete Gläubige sind aber der festen Ansicht, dass Christus auch für diese Menschen gestorben ist und sie der Erlösung teilhaftig werden, wenn sie im Übrigen ein christliches Leben vor Gott führen. Weiter sind sie wie ich der Ansicht, dass Umkehr nicht bedeuten muss, einen als ungangbar erkannten Weg nochmals zu gehen, sondern einen neuen gangbaren Weg zu suchen.

Nachdem sich mit den richtigen Aussagen und einer entsprechenden kirchenrechtlichen Beratung eine kirchlich geschlossene Ehe nichtig erklären lässt, was für einfachere Menschen nicht praktikabel ist, entsteht hier eine weitere Doppelbödigkeit: Gläubige, deren Ehe nichtig erklärt wurde, können ein zweites Mal heiraten und haben Zugang zu den Sakramenten, die anderen geschiedenen Gläubigen müssen bei Wiederverheiratung in einer Josefsehe leben, um sich den Zugang zu den Sakramenten zu bewahren. Was sollen wir von einer solchen mechanistischen Glaubenslehre halten?

---

118 Franz Mayrhofer, Theologie der Angst, Salzburger Nachrichten 17.2.03.

Einige Gedanken zur Enzyklika »Humanae Vitae«:
Das Verbot der Empfängnisverhütung durch die Pille hat seine Wurzel im Jahrtausende alten Verständnis der Sexualität als Quelle allen Übels auf dieser Erde durch Rom. Damit ging und geht noch immer die Lehre Roms einher, dass ein Geschlechtsakt verwerflich ist, wenn er die Zeugung von Nachkommenschaft ausschließt, wobei die unfruchtbare Phase der Frau dies relativiert. Dies deshalb, weil dies dem göttlichen Plan und heiligem Willen widerspräche und einen Widerspruch zur Natur des Mannes und der Frau darstelle. Und genau gegen diese Lehre wird verstoßen, wenn eine Frau die Pille nimmt.

Mit dem Pillenverbot werden Frauen, die schon Kinder bekommen haben und keine weiteren mehr empfangen wollen, mit Teenagern, verantwortungsbewussten noch nicht verheirateten Frauen und sexuelle Abwechslung suchenden Singles in einen Topf geworfen. Es ist absolut uneinsichtig, warum eine verheiratete Frau auf die Wahlfreiheit zwischen Pille und Enthaltsamkeit in ihrer fruchtbaren Phase verzichten soll, zumal letztere risikobehaftet und bei Frauen mit unregelmäßiger Arbeitszeit, wie z.B. Krankenschwestern, gar nicht anwendbar ist. Eine Temperaturmessung auf 1/10 Grad und der Vergleich mit den vorher über einen längeren Zeitraum gemessenen und aufgezeichneten Temperaturen sind für mich eine risikoreiche und keine natürliche Methode. Hier kommt wieder die mechanistische Denkweise zum Durchbruch: Weil die Zeugung unterbunden wird, ist der Griff zur Pille ohne Wenn und Aber eine Sünde.

Wenn eine Frau Jesus die Frage gestellt hätte, ob und wann eine Pille zur Empfängnisverhütung gerechtfertigt ist, hätte er ihr, so meine ich, wahrscheinlich geantwortet: »Dann, wenn du deinen Partner wirklich liebst und mit ihm zusammen bleiben und eine Familie gründen möchtest. Das beinhaltet auch, dass du eine voreheliche Beziehung beendest, wenn du erkennst, dass die Partnerschaft nicht tragfähig ist.«

(6) Priesterweihe

Ein Priester hat in allgemeinster Formulierung den besonderen Auftrag, die Sache Christi weiterzuführen.

Die Priesterweihe ist ein Anteil haben am Weihesakrament und dadurch am Priestertum Christi, des einzigen Mittlers zwischen

Gott und den Menschen, zum besonderen Dienst an der kirchlichen Gemeinschaft. Zu Letzterem gehören insbesondere die Feier der Eucharistie, die Verkündigung und die Sakramentenspendung.[119] Es wird in drei Stufen gespendet: als Diakonsweihe, als Priesterweihe und als Bischofsweihe.

Frauen können das Weihesakrament nicht empfangen.[120]

Die Weihe hat lebenslange Gültigkeit und der Priester verliert sie auch nicht bei einer Zurückversetzung in den Laienstand. Deshalb feiern laisierte Priester in privatem Rahmen noch fallweise Eucharistie; unter welchen Umständen dies erlaubt ist, ist kirchenrechtlich allerdings umstritten.

Die Weihe (Ordination) als Sakrament entstand im 5. Jhd. Priester und Bischöfe sind an den Zölibat (Ehelosigkeit) gebunden. Die Verpflichtung der Ehelosigkeit für Priester entstand im 11. Jhd. und ist zu unterscheiden von der Verpflichtung der Enthaltsamkeit, die für Verheiratete nach ihrer Bestellung zum Diakon, Priester oder Bischof im 2. Jhd. eingeführt wurde. Das II. Vatikanum wiederbelebte die sog. viri probati, das sind verheiratete Männer mit vorbildlicher Lebensweise, mind. 35 Jahre alt, die die Diakonsweihe erhalten und als ständige Diakone wirken können.

Die Forderung des Zölibates ist seit einiger Zeit Gegenstand heftigster Diskussionen, weil der Zölibat wahrscheinlich willige und geeignete Männer davon abhält, ihrer Berufung nachzugehen. Mit der Ausdünnung des Priesternachwuchses sinkt zwangsläufig der Umfang der pastoralen Betreuung durch Priester und die Gläubigen beginnen sich zu wehren. Aus meiner Sicht überwiegen angesichts des Priestermangels die Argumente für die Auflassung der Verpflichtung zur Ehelosigkeit die Gegenargumente bei Weitem. Allerdings dürfen wir nicht die Augen vor der Möglichkeit, dass verheiratete Priester ihr Eheversprechen nicht mehr aufrecht halten wollen oder können, verschließen. Dies ist für mich das kleinere Übel, da eine Scheidung nicht unter den Teppich gekehrt werden kann, während Homosexualität, uneheliche Kinder, Freundinnen, Kinderporno, Masturbation und sexueller Missbrauch von Frauen und Kindern relativ problemlos geheim gehalten werden können. Sie sind es, die der Kirche den Vorwurf der Vertuschung, der moralischen Doppelbödigkeit und der mangelnden Wahr-

---

119 *KP*, Priesterweihe, 7.7.11.
120 *KP*, Priesterweihe, 6.5.11; *WP*, Ordination, 27.2.11.

haftigkeit bringen, wenn sie ans Tageslicht kommen. Wir dürfen auch nicht das menschliche Leid und die Gewissenbisse vergessen, die die Kirche jenen Priestern, die ihre Beziehung zu einer Frau nicht geheim halten und fortsetzen wollen, aufbürdet. Ein Argument, dass sie ja gewusst haben, worauf sie sich einlassen, ist zwar korrekt, muss aber unter dem Aspekt gesehen werden, dass der Zölibat nicht notwendig und aufhebefähig ist.

Die Verwehrung der Weihe für Frauen ist ebenso Gegenstand heftigster Diskussionen; jedoch tun sich hier die Befürworter der Frauenordination in Rom etwas schwerer, weil sich Rom auf das göttliche Recht beruft, was aber ebenfalls massiv angezweifelt wird.

(7) Krankensalbung

Die Krankensalbung, früher letzte Ölung genannt, ist ein Sakrament zur Stärkung und Ermutigung.

Sie geht auf den Jakobusbrief (Jak 5,14) zurück. Als äußeres Zeichen wird der Kranke mit Olivenöl, welchem von alters her medizinische Wirkung zugerechnet wird und ein Zeichen für das Ewige ist, eingesalbt, und zwar die Sinnesorgane und die Handinnenflächen. Wenn der Kranke ein Sterbender ist, geht der Krankensalbung meist eine Beichte voraus und es folgt ihr der Empfang der heiligen Kommunion.[121]

Die Vorschrift, dass das Sakrament durch den zuständigen Pfarrer gespendet werden soll, hat wohl nur eine ordnungsschaffende Wirkung; in sakramentaler Hinsicht kann dies nicht notwendig sein.

Das Sakrament soll eine innere und äußere Heilung bewirken und darauf hinweisen, dass der Kranke eine ewige Zukunft hat.

(8) Sakramentalien

Sakramentalien sind Dinge oder Handlungen, derer sich die Kirche in einer gewissen Nachahmung der Sakramente zu bedienen pflegt, um dadurch auf ihre Fürbitte hin vor allem geistige Wirkungen zu erlangen.

Sakramentalien fehlt jedoch die neutestamentarische Grundlage. Die Kirche unterscheidet dingliche Sakramentalien, das heißt von

---

[121] *WP*, Krankensalbung, 8.4.11.

der Kirche geweihte Gegenstände (z.B. Kerzen), und Segnungen und Weihungen von Personen (z.B. Abtweihe, Muttersegen) und Gegenständen (z.B. Kirche, Kapelle, Speisenweihe).

Der Sinn der dinglichen Sakramentalien ist der, dass denen, die diese entsprechend verwenden, die Gnadenwirkungen zuteilwerden sollen, welche die Kirche bei ihrer Weihe erfleht hat.

Hier gilt, dass nichts gegen einen vernünftigen Einbau der Sakramentalien in den gelebten Glauben eines Menschen spricht, solange er sich nur bewusst ist, dass nur Gott seine Bitten erhören kann und er nur durch Christus erlöst worden ist.

7.4 Gemeinde und Liturgie

Die Gemeinde ist die Urzelle der Gläubigen, nachdem die Familie dies nur mehr in den allerwenigsten Fällen leistet und überdies nicht jeder Mensch in einer Familie lebt. Die Gemeinde wird heute in mehreren Formen praktiziert. Die wichtigste Form ist die örtliche Glaubensgemeinschaft, die meist in Pfarrgemeinden oder Filialgemeinden verwirklicht wird. Die Pfarrgemeinden werden in Dekanate, diese in Diözesen und diese schließlich in Nationalkirchen (Bischofskonferenzen) zusammengefasst. Aber wir kennen auch andere Gemeindeformen, die oft als Gemeinschaften geführt werden. Dazu zählen z.B. Ordensgemeinschaften, Ritterorden, Kongregationen, Erneuerungsbewegungen und Basisgemeinden. Allen Gemeinden/Gemeinschaften ist gemeinsam, dass sie ein Gemeinschaftsleben entfalten, in deren Mitte Christus steht. Sie feiern Liturgie, verkünden und praktizieren den Glauben, sorgen sich um den Nachwuchs, was die Glaubensbildung und Sakramentenvorbereitung betrifft, und praktizieren Caritas an den Alten, Kranken und Benachteiligten.

Eine gut funktionierende Pfarrgemeinde ist ein permanenter Quell der Gnadenvermittlung. Sie begleitet die Menschen durch ihr Leben mit Sakramenten, Feiern, religiöser Weiterbildung, Persönlichkeitsbildung u.s.w. Die Güte einer Gemeinde erkennt man an den Charismen, die sie weckt, an der Kreativität, die sie in der Gestaltung der Liturgiefeiern entwickelt – z.B. Ersatz einschläfernder Kirchenlieder aus dem Gotteslob durch rhythmische Lieder – an den Diensten, die die Gemeindemitglieder bereit sind zu leisten, an der Ansiedelung pfarrlicher Aktivitäten wie Erstkommunionvorbereitung, Firmvorbereitung, Ehevorbereitung, Erwachsenenbildungs-Seminare, Familienrunden, Bibelrunden, Kirchenchor, Kindergarten, Jugendgruppen (Jungschar, Pfadfinder), Wallfahrten, Büchereibetrieb, Musik- und Gesangsgruppen, Alten- und Krankenbetreuung und vieles mehr. Hinter diesen Gruppenbildungen steht das Wissen bzw. die Hoffnung, dass gruppendynamische Effekte die Wirkung des Hl. Geistes erheblich verstärken können. Die Güte einer Gemeinde wird aber maßgeblich davon beeinflusst, wie der Gemeindevorsteher mit den Mitgliedern hinsichtlich Mitspracherechte, Wertschätzung, Einfühlungsvermögen und Konfliktlösung umgeht.

Über die Gemeinschaft werden oftmals traditionelle Werte, die sich in der Kirche im Laufe der Jahrhunderte herauskristallisiert haben, von Generation zu Generation weitergegeben, so z.B.:

Die drei **göttlichen Tugenden**: Glaube, Hoffnung und Liebe, die oft durch die vier **sittlichen** (Kardinal-)**Tugenden** der alten Griechen, nämlich Klugheit, Gerechtigkeit, Tapferkeit und Mäßigkeit, ergänzt werden.

Die sieben **Haupttugenden**, die den Hauptlastern gemäß Kapitel 6.2 entgegengesetzt werden: Sanftmut, Freigebigkeit, Keuschheit, Demut, Mäßigkeit, Eifer, Liebe.

Die sieben **leiblichen Werke der Barmherzigkeit**: Hungrige speisen, Durstigen zu trinken geben, Fremde und Obdachlose aufnehmen, Nackte bekleiden, Kranke besuchen, Gefangene erlösen, Tote bestatten.

Die sieben **geistlichen Werke der Barmherzigkeit**: Sünder zurechtweisen, Unwissende lehren, Zweifelnden recht raten, Trauernde trösten, Lästige geduldig ertragen, Beleidigern gerne verzeihen, für Lebende und Verstorbene beten.

Hinter diesen Tugenden und Werken steckt die über zwei Jahrtausende angehäufte, verdichtete, interpretierte und als heilend erfahrene Botschaft Jesu. Wo wird sie noch außerhalb der kirchlichen Gemeinschaften weitergegeben? Ist sie ein Thema in der Politik und Gesellschaft? Ist sie weltfremd? **Als Mitglieder der katholischen Kirche haben wir die Chance, leichter einen Weg zu Gott zu finden, wenn wir diesen Weg suchen und mit Hilfe der Kirche entlanggehen.**

Ein Gedanke sei noch dem Umgang der Menschen miteinander gewidmet, weil hier so Vieles im Argen liegt: Wie gehen Eltern mit ihren Kindern um und umgekehrt? Wie Vorgesetzte mit ihren Mitarbeitern und Mitarbeiter untereinander? Wie fremde Menschen untereinander in Stresssituationen? Welche Vorurteile bestimmen uns und unser Verhalten? Ich zitiere hier nur zwei Autoren aus dem christlichen Bereich, um zu zeigen, dass Jesus und nach Jesus gelebtes Leben einiges dazu beitragen und zum Nachdenken anregen kann:

- Im Neuen Testament (Mt 18, 15-17) wird die brüderliche Zurechtweisung in der Gemeinde beschrieben, die so sein soll, dass der andere zunächst nicht bloßgestellt, nötigenfalls aber im Beisein von Zeugen die Zurechtweisung ausgesprochen werden soll. Welch ein Unterschied ist das zu den Gepflogenheiten der offenen Beschimpfung, der Diffamierung (hinter dem Rücken schlecht reden) und der Verleumdung, die wir so oft mitansehen müssen oder denen wir selbst ausgesetzt sind.
- In *Aigner* finden wir viele Gedanken zum Umgang eines Menschen, der zur Leitung und Führung anderer Menschen eingesetzt oder berufen wurde.

Zum Abschluss dieses Unterkapitels eine jüdische Weisheit aus dem Talmud, die ich in einer Diskussion über christliche Lebensweise hörte und mitnahm:
»Achte auf deine Worte, denn sie werden Handlungen.
Achte auf deine Handlungen, denn sie werden Gewohnheiten.
Achte auf deine Gewohnheiten, denn sie werden Charakter.
Achte auf Deinen Charakter, denn er wird dein Schicksal.«

Kirchliche Gemeinde und kirchliche Gemeinschaft sind jene Orte, in denen ein Gläubiger den Glauben und die Liebe erfahren und die Hoffnung nicht aufgeben lernen kann. Auch die Hoffnung, dass sich die Amtskirche von innen heraus reformiert.

7.5 Maria

In der katholischen Glaubenslehre nimmt Maria einen besonderen Platz ein. Ohne auf Vollständigkeit Anspruch zu erheben, eher um eine exemplarische Aufzählung zu geben, ist sie die leibliche Mutter des Gottmenschen Jesus, persönlich durch besondere Eigenschaften (siehe Dogmen unten) ausgezeichnet, Beispiel christlicher Heiligkeit, Mutter der Gnaden (Fürsprecherin bei Gott, Mittlerin der Gnade Gottes) und, nachdem die Kirche in der paulinischen Theologie der mystische Leib Christi ist, ist sie auch die Mutter der Kirche.

Die biblischen Quellen für diese Heraushebung sind jedoch unbestrittenermaßen sehr spärlich; dies soll der guten Ordnung halber festgestellt werden. Marias besondere Eigenschaften wurden in Konzilsbeschlüssen und Dogmen niedergeschrieben, und zwar:

Im Konzil von Ephesos 431 wird sie die Gottesgebärerin genannt, weil sie Jesus, in dem zwei Naturen untrennbar vereinigt sind (wahrer Mensch und wahrer Gott, lt. Konzil von Chalkedon 451), geboren hat.
In der Lateransynode 649 wird ihr immerwährende Jungfräulichkeit bestätigt, da sie vom Hl. Geist empfangen hat; eine Eigenschaft, die schon in frühen Glaubensbekenntnissen aufgetaucht ist.[122]
Pius IX. verkündete 1854 die Unbefleckte Empfängnis, das heißt dass Maria ohne Makel der Erbsünde empfangen wurde.
Pius XII. verkündete 1950 die leibliche Aufnahme Marias in den Himmel.

Die Bedeutung Marias für die Kirche ist vergleichbar mit der Bedeutung der eigenen Mutter für jeden Menschen. Eine gute Mutter sorgt sich von der Empfängnis an um ihr Kind, wünscht sich das Beste für es, beschützt es solange es geht, ist immer für es da, verwendet sich beim vielleicht strengen Vater für ihr Kind und freut sich, wenn Kinder, Schwiegerkinder und Enkelkinder um sie sind. Dass Jesus ähnliche Gefühle wie wir alle, die eine gute Mutter haben oder hatten, hegte, kann mit Sicherheit vorausgesetzt werden, ohne dass wir Zeugnisse dafür haben.[123] Dass Jesus aber auch seinen eigenen, ihm zugedachten Weg ging, ohne sich mit seiner Mutter abzusprechen, entspricht dem Auftrag jedes Menschen, für sich selbst seinen Weg zu finden, und wird von den Exegeten bestätigt.

---

122 *Beinert*, 80.
123 Vgl. *Lenaers*, 123.

Es nimmt daher nicht Wunder, dass Maria nach dem Tode Jesu mit den Aposteln, die doch Begleiter ihres Sohnes waren und begannen, sein Werk fortzusetzen, viel beisammen war. Wir brauchen zwar keine Legenden, dies so zu sehen, da dies für vernünftige Menschen selbstverständlich ist, aber Legenden stützen in durchaus brauchbarer Form diese Überlegungen.

Je mehr sich die frühen Christen klar wurden, was für ein Mensch Jesus war, dass er nicht nur der Messias, sondern tatsächlich Mensch und Gott untrennbar in Einem war, und dass er von Gott erhöht, das heißt zu sich aufgenommen war, desto mehr wuchs auch die Bedeutung Marias.

Um nun die vier wesentlichen Eigenschaften Marias zu interpretieren, zitiere ich zunächst:

Die mariologischen Dogmen »haben die Funktion, zeichenhaft, exemplarisch und typologisch andere Wahrheiten zum Ausdruck zu bringen.«[124] Eleganter, so glaube ich, kann Rom nicht den Kopf aus der Schlinge ziehen. So denke ich mir:
- Mit dem Dogma der Gottesmutterschaft haben wir insofern kein Problem, dass Maria eben die leibliche Mutter des Menschen Jesus war, der gleichzeitig und untrennbar auch Gott war.
- Die immerwährende Jungfräulichkeit Marias und die Zeugung durch den Hl. Geist sind naturwissenschaftlich unmöglich. Schon das judenchristliche Ebionäerevangelium (2. Jhd.), welches auf Matthäus aufbaute und Stoff von Lukas und Markus mitberücksichtigte, enthielt nicht mehr die Vorgeschichte von Lukas. *Kasper* meint, dass dieses und das vorige Dogma auf ihre Weise sagen, dass Gott in Christus wirklich in unsere menschliche Geschichte eingegangen ist und dass er damit einen von unten, durch Fleisch und Blut unableitbaren Anfang gesetzt hat.[125] Sie bezeugen also Jesus Christus als den neuen Adam. Etwas klarer drückt sich *Steindl-Rast* aus: Dieser Glaubenssatz bezieht sich auf den erwachsenen Jesus. Er will etwas über sein Lebenswerk aussagen, indem Geistzeugung und Jungfrauengeburt etwas über seinen Ursprung aussagen. Dahinter steht die Vorstellung, dass der Anfang alles später Kommende schon beinhaltet und zusammenfasst, wie das Samenkorn

---

124 *Kasper*, 102.
125 Ähnlich *Küng* 1992, 66.

die ganze Pflanze.[126] Beinert sieht darin einen Hinweis auf die Gnadenhaftigkeit des Tun Gottes.[127] Als Naturwissenschafter interpretiere ich dies so, dass der Mensch Jesus natürlich von einem Mann, wahrscheinlich Josef, gezeugt wurde, dass aber der Hl. Geist der »Urheber« der göttlichen Natur, die sich untrennbar mit der menschlichen Natur in Jesus vereinigte, war. Die immerwährende Jungfräulichkeit Mariens ist ein Hinweis darauf, dass wir, so wie Maria, den Mut haben, Gottes Geist jungfräulich (unvorbelastet) zu empfangen und für die Christuswirklichkeit lebendiges Zeugnis ablegen.

- Die unbefleckte Empfängnis kann aus naturwissenschaftlicher Sicht nicht bedeuten, dass Maria ein besonderes genetisches Material in ihr Leben mitbekommen hat. Vielmehr ist es vorstellbar, dass Maria durch die Gnade Gottes fähig wurde, trotz ihrer unvermeidlichen Sündenverflochtenheit (s. Kapitel 6.1, letzter Absatz) ein sündenfreies Leben zu führen, ein Leben, welches also ganz Gott und den Nächsten zugewendet war und damit zeigt, was Gott mit den Menschen vorhat.[128]
- Die leibliche Aufnahme Mariens, aus naturwissenschaftlicher Sicht unmöglich, folgt ähnlichen Überlegungen: damit soll ausgedrückt werden, dass Maria als erster Mensch nach Jesus zu Gott erhöht wurde und damit uns zeigt, was wir nach unserem Tod erwarten können, wenn Gott uns zu sich aufnimmt.

Ich habe nun kein Problem, Maria als Beispiel oder Metapher für die Heilswirkung Gottes an den Menschen aufzufassen. Nachdem Maria keine Gottheit ist, darf sie zwar mit Maß und Ziel verehrt, aber nicht angebetet werden.

Manche mögen fragen, was für einen Sinn es macht, Maria um etwas zu bitten, wenn man sich doch direkt an Gott wenden kann. Wenn ich darauf antworten würde, dass dies keinen Sinn macht, würde ich an der Tatsache, dass Jesus, Maria und wir alle Menschen waren bzw. sind, vorbeigehen. Es liegt nun einmal im Menschlichen, dass wir eher zur Mutter gehen, und Christus wird die Fürbitten seiner Mutter so annehmen wie unsere eigenen Bitten. Als Menschen fällt es uns vielleicht leichter, unter

---
126 *Steindl-Rast*, 94.
127 *Beinert*, 81.
128 Vgl. *Kasper*, 103.

den Schutzmantel Mariens zu schlüpfen, als unter dem Kreuz zu stehen und uns dem ohnmächtigen Gekreuzigten anzuvertrauen. Bei aller Marienverehrung dürfen wir nicht vergessen, dass unsere Bitten nur von Gott erhöht werden können.

7.6 Engel und Teufel

Engel sind Geschöpfe, welche Verstand und freien Willen, aber keinen materiellen Leib haben. Sie wurden von Gott als geistige Schöpfung geschaffen. Wie der Mensch wurden auch sie von Gott geprüft, ob sie ihm aus freiem Willen gehorchen oder nicht. Durch die abgeirrten Engel kam das moralische Übel in die Welt. Lucifer ist so ein abgeirrter Engel. Er stand hinter der Entscheidung von Adam und Eva gegen Gott, ist damit der Teufel geworden, wird seitdem Satan genannt und ist der Anführer der bösen Engel. Der Teufel möchte die Menschen daher zum Bösen versuchen und zur Sünde verleiten.

Soweit das Alte Testament. Im Neuen Testament ist Satan eine übernatürliche Wesenheit mit gottähnlichen dämonischen Kräften, die nicht von Gott kontrolliert wird und frei handelt.[129]

Dieser Teil der Glaubenslehre entzieht sich jeder rationalen Beurteilung und wird auch in der hier relevanten Literatur praktisch nicht behandelt.

Für *Theißen/Merz* ist »die Gottesherrschaft ebenso gegenwärtig wie zukünftig. Die Zeit der Erfüllung ist schon da, der Satan schon besiegt.«[130] Damit meint er, dass durch Christus und sein Heilswerk der Satan keine Chance mehr hat, endgültig die Menschen ins Unheil zu ziehen. Sein noch feststellbares Wirken wird endend sein.

Interessante Überlegungen fand ich bei *Bolz* im Kapitel »Den Teufel ernst nehmen«[131]. Dort widmet er den Erscheinungsformen des Teufels im Wandel der Zeit zwischen Reformation und Jetztzeit einige bemerkenswerte Überlegungen. Er schrieb unter anderem: »Mit der Wirklichkeit rechnen heißt mit dem Teufel rechnen. An den Teufel zu glauben ist der Realismus der Frommen.« Genau das bedeutet der eben erwähnte Satz

---

129 *KP*, Engel, 13.5.11; Teufel, 18.5.11; *WP*, Satan, 11.5.11; *KKK*, Rz 311,391.
130 *Theißen/Merz*, 250.
131 *Bolz*, 61ff.

von *Theißen/Merz*: Der Teufel ist unter uns, wird aber nicht endgültig siegen.

7.7 Heilige und Selige

Heilige sind Verstorbene, von denen die Kirche feierlich erklärt, dass diese die Tugenden heldenhaft geübt und in Treue zur Gnade Gottes gelebt haben, und als Heilige bezeichnet und allgemein verehrt werden dürfen. Voraussetzung sind Martyrium oder heroischer Tugendgrad des Betroffenen sowie im Falle des Nicht-Martyriums der Nachweis eines Wunders. Die Heiligsprechung wird auch Erhebung zur Ehre der Altäre bezeichnet, weil eben Altäre zur Verehrung eines Heiligen geweiht werden dürfen. Mit der Heiligsprechung bekundet die Kirche (bloß) das Vertrauen, dass der betreffende Mensch die Vollendung bei Gott bereits erreicht hat.

Die Seligsprechung ist eine Vorstufe zur Heiligsprechung und erlaubt noch nicht eine allgemeine Verehrung, sondern eine Verehrung in lokalem Umkreis. Auch hierzu muss ein Wunder bekundet sein. Sie kann frühestens fünf Jahre nach dem Tod kirchenrechtlich eingeleitet werden.

Es spricht nichts dagegen, Verstorbene, die aus christlicher Sicht vorbildlich gelebt haben oder als Märtyrer gestorben sind, zu verehren und als Vorbild anzusehen. Zur Notwendigkeit der Wunder, die ja hier nur medizinische Wunder sein sollten, verweise ich auf den nächsten Punkt, der diese Voraussetzung sehr relativiert.

Heilige als Fürbitter einzusetzen ist aus meiner Sicht problematisch, weil wir nichts über die Nähe und Beziehung der Heiligen, so wie aller Verstorbenen, zu Gott wissen. Gott wird unsere Bitten an einen Heiligen an dem Vertrauen messen, welches wir Gott entgegenbringen.

7.8 Wunder

»Wunder sind des Glaubens liebstes Kind« kann man in Goethes Faust lesen. Recht hat er.

Für den Zweck meiner Überlegungen hier unterscheide ich vier Arten von Wundern, die völlig unterschiedlich zu beurteilen sind:

(1) Naturwissenschaftliche Wunder

(*Theißen/Merz* nennt sie Naturwunder.)

Hier geht es um aus naturwissenschaftlicher Sicht angebliche Eingriffe Gottes derart, dass ein naturwissenschaftlich zwingendes Ereignis oder Nichtereignis durch den Eingriff Gottes verhindert oder herbeigeführt wird. Als Beispiele führe ich an: Verhinderung eines Tsunami, eines Lawinenabganges, eines Meteoritenabsturzes auf eine Großstadt und Ähnliches bzw. das Gegenteil. Nachdem Naturereignisse nicht durch Zufall, sondern kausalitätsbedingt und erklärbar eintreten, kann von einem Naturwissenschafter, im Sinne der in Kapitel 6.3 aufgestellten 1. These, nicht verlangt werden, dass Gott in diese seine eigene Schöpfung und die in ihr steckenden Naturgesetze eingreift und Wunder wirkt. Dies ist übrigens auch eine zentrale und traditionelle Forderung der Physiker.

Die Evangelisten bedienten sich Berichten naturwissenschaftlicher Wunder, um die Faszination und Unvorstellbarkeit von Jesu Wirken, Tod und Erhöhung fassbar zu machen. Die Exegeten gehen davon aus, dass die Wunderberichte schon so den Evangelisten berichtet – und damit innerhalb 40 Jahren nach Jesu Tod durch Zeitzeugen und Urchristen ausgestaltet wurden – oder überhaupt erst später eingefügt wurden. Nachdem sich der Glaube an Wunder etabliert hat, war es im Mittelalter und als Reaktion zur Aufklärung nur ein kleiner Schritt, weitere Wunder per Dogmen einzuführen.

Die alttestamentarischen naturwissenschaftlichen Wunder sind nach heutigem Verständnis Erzählungen, die die Liebe, Sorge des Schöpfergottes für das auserwählte Volk und seine Macht begreiflich machen sollten.

Wenn jemand naturwissenschaftliche Wunder braucht, um glauben zu können, ist es gut. Wenn jemand diese nicht braucht, um glauben zu können, ist es auch gut. Beide sollten in aller Demut bedenken, dass keine Beweise existieren, dass naturwissenschaftliche Wunder definitiv stattgefunden haben bzw. definitiv nicht stattgefunden haben.

(2) Medizinische Wunder und Exorzismen

Bei medizinischen Wundern geht es um Heilungen im menschlichen Organismus, die nach dem gewöhnlichen Lauf der Dinge nicht zu erwarten und nicht zu erklären sind.

Zunächst ist dazu festzustellen, dass ein menschlicher Organismus nicht allein Naturgesetzen unterliegt, sondern ein Zusammenspiel von Geist (Psyche) und Leib (materieller Körper) darstellt. Daher unterliegt er nicht nur den Naturgesetzen. Manchen Menschen, allerdings sehr wenigen, ist es gegeben, über Körper und Geist von Kranken Macht (im positiven wie im negativen Sinn) ausüben zu können, und dies ist keinesfalls an den christlichen Glauben gebunden. Ist doch nach dem modernen Verständnis von Gesundheit jede Erkrankung ihrem Wesen nach auch ein psychisches Phänomen und lässt sich in manchen Fällen der Vorgang des Krankwerdens am erfolgreichsten durch eine Methode wieder rückgängig machen, die physische und psychische Therapien aneinander koppelt.[132]

In den letzten beiden Jahrzehnten fanden durchaus ernst zu nehmende Untersuchungen über sog. Geistheiler statt. Danach wurde ein Biophotonenstrom, dessen Wellenlänge sich über das gesamte Spektrum des optischen Lichtes erstreckt, wissenschaftlich nachgewiesen, und der nicht nur durch eine äußerst geringe Intensität gekennzeichnet ist, sondern sich wie Laserlicht verhält und das Vermögen besitzt, Informationen zu übertragen. Geisterheiler und auch Qi-Gong-Meister würden eine solche verstärkte Strahlung mit ihren Händen abgeben. Diese Fähigkeit ist aber nur sehr wenigen Menschen in dem erforderlichen Ausmaß gegeben; die überwiegende Zahl, die sich dieser Fähigkeit rühmen, sind zumeist Scharlatane.[133],[134]

Wenn man aufmerksam verfolgt, was durch Konzentration, Willen und Vertrauen ein Mensch alles erreichen bzw. bewirken kann, kann man nicht umhin, Raum zu geben für sog. Selbstheilungskräfte. Solange in der einschlägigen interdisziplinären Forschung (Psychologie, Neurologie, Hirnforschung) noch nicht mehr Antworten auf diese und ähnliche Phänomene gegeben werden können, ist es sinnvoll, eine abwartende Haltung einzunehmen, die grundsätzlich positiv ist, aber auch Indizien für Scharlatanerie sammelt.

Medizinische Wunder sind Beispiele dafür, welche heilende leibliche Auswirkungen durch die Zuversicht und den Glauben eines Menschen, also durch naturwissenschaftlich nicht erklär-

---

132 Zustimmend auch *Lenaers*, 242.
133 Die beiden letzten Absätze übernahm ich größtenteils wörtlich von *Pauser*, 46.
134 Zustimmend und erklärend auch *Lenaers*, 236, der sonst kaum eine Gelegenheit auslässt, sarkastisch zu sein.

bare und auf psychischer Ebene sich abspielende Vorgänge, bewirkt werden können, aber nicht müssen. Diese Zuversicht und dieser Glaube eines Menschen kann unabhängig von einem christlichen Glaubensbekenntnis entwickelt werden.

Bei Exorzismen geht es um die Austreibung eines Dämons aus einem besessenen Menschen. Nach *Theißen/Merz* sind die gleichen menschlichen Fähigkeiten wie bei medizinischen Wundern Voraussetzung.[135]

(3) Stigmatisierungen

Unter Stigmatisation wird das Auftreten der Wundmale Jesu bei einem lebenden Menschen verstanden.

Die Mehrheit der Mediziner und Theologen geht bei Stigmatisierten von einer psychogenen Ursache aus. Ursache könnten psychosomatische Phänomene wie Autosuggestion, Ideoplastie (Formbildung durch eigene Gedanken oder persönliche Vorstellungen) oder Hysterie verbunden mit einer starken Passionsfrömmigkeit ebenso wie bewusste oder unbewusste Manipulation sein.[136]

(4) Erscheinungen

Unter Erscheinungen verstehe ich hier, in Abwesenheit brauchbarer Definitionen, die subjektive Wahrnehmung von nichtmateriellen Personen und/oder Ereignissen. Als Beispiele seien die Marienerscheinungen von La Salette 1846, Lourdes 1858 und Fatima 1917 genannt. Höchstwahrscheinlich waren auch die im Neuen Testament berichteten Erscheinungen Christi nach seinem Tod derartige Erscheinungen und nicht nur Geschichten, um sein transzendentes Weiterleben nach dem Kreuzestod verständlich zu machen.[137]

Es ist, auch mit Hilfe empfindlichster Filmaufnahmen, noch nie gelungen, derartige Erscheinungen, konkret in Medjugorje, zu fotografieren. Da in vielen Fällen die Ehrlichkeit der Seher außer Verdacht steht, dürfte es sich in der Sprache der Psychologen um eine sog. Projektion handeln. »Man erlebt innerlich etwas so intensiv, dass man es außer sich zu sehen meint. Welche Gestalt die Projektion annimmt, hängt ab von der eigenen

---

135 *Theißen/Merz*, 265, 266, 279.
136 *WP*, Stigmatisierung, 2.5.11.
137 *Theißen/Merz*, 428.

Psyche, die selber wieder abhängig ist von der Kultur, in der man lebt. Man kann ruhig annehmen, dass jene Seher und Seherinnen eine intensive Erfahrung der transzendentalen Wirklichkeit erlebt haben.«[138] Ich schließe mich dieser Ansicht an, weil für mich, wie ich in Kapitel 6.3 bei der Formulierung der 2. These ausführte, Gott direkt, und nur er, durch Eingebungen die Auslösung derartiger transzendentaler Wahrnehmungen bewirken kann, ohne dass dabei gegen Naturgesetzlichkeiten verstoßen wird. Wir befinden uns hier im Grenzbereich von Geist (Psyche) und Leib (Materie), einem weitgehend noch nicht erforschten (Hirnforschungs-)Bereich, und es wäre aus naturwissenschaftlicher Sicht vermessen, darüber ein endgültiges Urteil abzugeben. Beim Sonnenwunder von Fatima könnte natürlich diese Erfahrung bei allen Zusehern ausgelöst worden sein.[139]

Diese Deutung von Erscheinungen wird »objektive Visionstheorie« genannt, im Gegensatz zur »subjektiven Visionstheorie«. Bei letzterer werden Visionen psychologisch als Ausfluss von Stress- und Belastungssituationen erklärt.[140]

Anmerkung:
Theißen/Merz gliedern die Wunder nicht nach naturwissenschaftlichen Aspekten, sondern treffen eine formgeschichtliche Einteilung nach: Exorzismen, Therapien, Normenwunder (um Normen zu begründen, Verstöße gegen Normen zu bestrafen oder Erfüllung von Normen zu belohnen), Geschenkwunder, Rettungswunder und Epiphanien (Erscheinungen). Dies ist wieder ein Beispiel, wie Theologen und Naturwissenschafter unterschiedlich an Probleme herangehen. Die von mir oben getroffenen Aussagen decken sich mit den Aussagen der Autoren.[141]

7.9 Reliquien

Nach kirchlicher Auffassung lebt die Seele eines Heiligen bei Gott und wir verehren, was sie und zurückgelassen haben, z.B. Knochen oder Kleidungsstücke.

---

138 *Lenaers*, 145, nochmals durchaus nicht sarkastisch.
139 Etwas skeptischer *Pauser*, 47.
140 *Theißen/Merz*, 418.
141 *Theißen/Merz*, 265ff.

Das sind Reliquien. Durch ihre Verehrung verehren wir die Heiligen, stellen sie uns als Vorbilder vor Augen und erhoffen ihre Fürsprache in unseren Anliegen und für unser Leben.[142]

Besondere Reliquien sind Erinnerungsstücke an Jesus, wie Nägel, Kreuzpartikel, das Grabtuch von Turin und das Schweißtuch von Oviedo. Bis heute ist in jedem Altar ein Partikel von einer Reliquie eines Heiligen eingelassen.

Die Reliquienverehrung hat keine heilsgeschichtliche Bedeutung. Sie ist bloßer Ausdruck der Verehrung der Heiligen, so wie die Habseligkeiten von Künstlern, Musikern und Schriftstellern ausgestellt werden und die Besucher sich mit der verstorbenen Person näher beschäftigen können. Die Kreuzpartikel und Nägel vom Kreuz Christ sind höchstwahrscheinlich durchgehend nicht echte Partikel.[143]

Das Turiner Grabtuch:
Hierbei handelt es sich um ein Leinentuch in der Größe von 4,36m x 1,10m, welches in einer Seitenkapelle des Turiner Doms aufbewahrt wird und in der photographischen Aufnahme ein Negativ-Ganzkörperbildnis eines offensichtlich gekreuzigten Mannes zeigt. Aus den zahlreichen Untersuchungen sind zwei besonders hervorzuheben:
- Die Untersuchung der interdisziplinären STURP (Shroud of Turin Research Project)-Gruppe, die 1978 keinen Grund fand, die mögliche Echtheit des Tuches auszuschließen.
- Die Radiokarbon-Untersuchung 1988, die feststellte, dass die untersuchten Stoffpartikel aus dem 14. Jhd. stammen.

Das Grabtuch erlitt 1532 bei einer Brandkatastrophe Schaden und wurde zwei Jahre später von Nonnen instand gesetzt. Im Zuge der Analyse der Ergebnisse der Radiokarbon-Untersuchung wurde nun festgestellt, dass die untersuchten Stoffpartikel aus dem Grenzbereich zwischen Original-Grabtuch und ausgebesserten Stellen stammen. Weitere Untersuchungen wurden bisher nicht gestattet. Deshalb ist es vernünftig, keine endgültige Meinung zur möglichen Echtheit des Turiner Grabtuches zu haben.

Das Schweißtuch von Oviedo:
Dieses 84 x 53 cm große Stück Leinwand wird in der Kathedrale von Oviedo aufbewahrt, passt, nach dem heutigen Stand der

---

142 *KP*, Reliquien, 13.5.11.
143 *Pauser*, 51.

Untersuchungen, in wichtigen Punkten mit dem Turiner Grabtuch zusammen und könnte das Kopftuch zum Grabtuch von Turin gewesen sein.[144] Unter den Forschern wird jedoch eher die Meinung vertreten, dass es eine Fälschung sei.[145]

Blutwunder:
Als Blutwunder gelten blutungsähnliche Erscheinungen an konsekrierten Hostien, an Bildern Christi oder auch Wiederverflüssigungen von Blutreliquien. Sie sind keine historisch belegten Ereignisse. Auch lässt sich meist nicht sagen, ob es sich im Einzelfall um Selbsttäuschungen, Täuschungen oder eine anderweitig erklärbare Erscheinung gehandelt hat. Fallweise sind sie naturwissenschaftlich erklärbar (z.B. durch Bakterien in Hostien oder Blutverflüssigung mit Hilfe thixotroper Stoffe).[146]

7.10 Reformkatholizismus

(1) Reformkatholizismus

Unter Reformkatholizismus verstehen wir Bestrebungen, von innen her, also ohne jede Abspaltungstendenz, die katholische Glaubenslehre und das Procedere bei der Entscheidungsfindung in der Amtskirche zu reformieren. Der Reformbedarf ist für die allermeisten Gläubigen, und zwar sowohl für Angehörige des Klerus als auch für Angehörige des Laienstandes, evident.

(2) Ziele

Die Ziele der einzelnen Reformbewegungen[147] lassen sich etwa wie folgt strukturieren, wobei sich die unten angeführten Ziele teilweise überschneiden, also nicht voneinander unabhängig sind:
- Verbesserung bzw. Sicherstellung der pastoralen Betreuung durch Priester, die durch den Priesterrückgang erheblich gefährdet ist, durch Abschaffung des Zölibates, Reaktivierung verheirateter Priester, Priesterweihe von viri

---
144 *Steindl-Rast*, 152.
145 *WP*, Schweißtuch von Oviedo, 1.1.11.
146 *WP*, Blutwunder, 25.10.10.
147 In Österreich: Wir sind Kirche (1995); Priester ohne Amt; Pfarrerinitiative (2006); Laieninitiative (2009).

probati, Heiratsmöglichkeit für Diakone, Erweiterung der Befugnisse von Diakonen,
- Zulassung von Frauen zur Diakonweihe und Priesterweihe als wesentliche Schritte einer Gleichberechtigung von Frau und Mann in der katholischen Kirche,
- leichterer Zugang zu den Gnaden (»Frohbotschaft statt Drohbotschaft«), besonders durch eine Änderung der katholischen Sexuallehre und die Zulassung von gutwilligen Gläubigen (z.B. Geschiedenen/Wiederverheirateten) zur Eucharistie,
- Eucharistie auch für Mitglieder christlicher Kirchen und ausgetretene Katholiken, die »guten Glaubens« sind,
- Predigtrecht für ausgebildete Laien,
- Anerkennung der besonderen Heilsbedürfnisse der Homosexuellen, insbesondere wenn sie in einer treuen Partnerschaft leben,
- Erweiterung des Mitspracherechtes und der Mitwirkung der Laien,
- Dialog und Zusammenwirkung von Klerus und Laien auf Augenhöhe,[148]
- Änderung der Kirchenverfassung im Sinn einer Demokratisierung der Ernennung von Leitungsorganen (Bischöfe, Kardinäle, Papst) und der Festlegung von Glaubenswahrheiten, Einschränkung der absolutistischen Macht des Papstes,
- daraus folgend eine vollständige Überarbeitung und Modernisierung des CIC.

Ich unterstütze zwar ohne Wenn und Aber alle diese Forderungen, gehe jedoch auf die theologischen Begründungen dieser Forderungen nicht ein, da diese von weitaus berufeneren Theologen schon vielfach und überzeugend vorgenommen wurden.

Für mich kommt aber dabei die Forderung nach einer vollständigen Überarbeitung der katholischen Glaubenslehre und nach einer Herausgabe eines völlig neuen Katechismus zu kurz. Ein neuer Katechismus, wie ich ihn sehe, sollte sich auf die we-

---

148 Ich kenne eine Frau, die den Dienst einer Kommunionhelferin zurücklegte, weil der neue Pfarrer verlangte, dass die Kommunionhelfer eine Stufe tiefer stehen müssten als er selbst. Abgesehen davon, dass dieses Verhalten der Frau ein unterentwickeltes Demutsverständnis indiziert, frage ich: Ist es notwendig, dass das hierarchische Denken im Klerus derartig durchschlägt?

sentlichen Glaubensinhalte beschränken und die Ziele der einzelnen wesentlichen Lehrsätze herausarbeiten und bewusst machen, damit das mechanistische, engmaschige Netz von Geboten und Verboten über Bord werfen und den Rest den Gläubigen im Rahmen ihrer Gewissensfreiheit überlassen. **Ist einmal ein derartiger neuer Katechismus geboren, werden dann die Reformen im operativen Bereich wie reife Früchte vom Baum fallen. Außerdem wird es wesentlich leichter sein, in der Ökumene aufeinander zuzugehen.**

Manchmal wird auch die Forderung erhoben, einer reformunwilligen Kirche den Kirchenbeitrag zu verweigern. Dies ist eine spezifisch österreichische Forderung, da in Österreich der Kirchenbeitrag an das römisch-katholische Glaubensbekenntnis per Konkordat gebunden ist. Ich halte eher wenig davon, weil mit dem Kirchenbeitrag Tätigkeitsbereiche und Einrichtungen der Nationalkirche finanziert werden, die für uns Gläubige sehr sinnvoll und fruchtbringend sind, wie pfarrliches Gemeindeleben, diözesanes Pastoralamt, Pfarrkindergärten und -altersheime, Privatschulen, Erhaltung von Kirchen, Priesterausbildung, Ausbildung Pastoralassistenten u.s.w. Die Umwidmung des Kirchenbeitrages auf caritative Organisationen oder Entwicklungsprojekte ist zwar bereits offiziell möglich, aber eigentlich ein Schuss ins eigene Knie. Sollte sich die Amtskirche in Rom oder Österreich zu unangemessenen Worten oder Handlungen gegen reformwillige Priester und/oder Laien verleiten lassen, was ich nicht hoffe, wird man sich diese vernünftige und gutmeinende Einstellung wohl überlegen müssen.

(3) Bischofsernennungen

Wegen ihrer Aktualität und ihrem Potential, die Emotionen der Gläubigen aufzuladen, widme ich diesem Thema einen eigenen Absatz.

Ein Bischof ist das Oberhaupt einer Diözese, auch Teilkirche genannt, als deren oberster Lehrer, Priester und Leiter er wirkt. Laut geltendem Kirchenrecht kommt es dem Papst zu, die Bischöfe frei zu ernennen oder, in Sonderfällen (Schweizer Konkordat), die rechtmäßig gewählten zu bestätigen. In den ersten Jahrhunderten der christlichen Kirche war die Wahl der Bischöfe durch Volk und Klerus die unbestrittene Praxis. Ab dem 4. Jhd. wurde dieses Prinzip durch Begehrlichkeiten von Kaisern und Königen zwar oft unterlaufen, aber weder von diesen noch von Rom je in Frage gestellt. Im 11. Jhd. entwickelte sich eine Tendenz des Papsttums, die Bischofsbestellung an sich zu ziehen und die Laien sukzessive auszuschalten. Der alleinige Ernennungsanspruch des Papstes setzte sich erst im 19. Jhd. durch und wurde 1917 im neuen CIC (c. 329 § 2) fixiert.[149]

Für die Gläubigen einer Teilkirche ist der Bischof die regionale katholische Leitfigur und sollte geliebt, geachtet und volksverbunden sein. In Deutschland, Österreich und der Schweiz war nun seit den neunziger Jahren feststellbar, dass von Rom als Qualifikation eines Bischofs ausschließlich eine konservative und reformverhindernde Grundeinstellung, die mit dem Anspruch, die Wahrheit zu kennen, gepaart war, verlangt wurde. So kam es zu den Ernennungen von Mixa in Deutschland, Eder (der Bischof Kräutler bei seinem Besuch in Salzburg nicht empfing), Groer, Krenn und Laun in Österreich und Haas in der Schweiz. Ich habe in meinem Leben weder vorher noch nachher eine auch nur annähernd derartige Wut auf meine Kirche gehabt, als sich zeigte, welche Fehlgriffe mit Groer und Krenn getan worden waren. Diese Bischofsernennungen sind ein Beweis dafür, dass einerseits das Ausleseverfahren und der Bestellungsmodus völlig verfehlt sind, andererseits die Grundeinstellung in Rom in Hinblick auf den Glauben und seine Bewahrung völlig verdreht ist. **Da liegt meines Erachtens der zentrale Reformbedarf, ja die Notwendigkeit zu einer Umkehr, wie sie die Kirche von den Sündern verlangt.**

7.11   Religionsvielfalt und Weltethos

(1) Religionsvielfalt

Ich gehe davon aus, dass Gott bei seiner Wertung und Beurteilung der Menschen diese gleichbehandelt. Anders ist ein gerechter Gott nicht vorstellbar. Jeder Mensch wird nach dem beurteilt, was er aus seinem Leben gemacht hat und was er aus seinem Leben hätte machen können. Maßgebend sind nicht die Befolgung der Gebote der katholischen Kirche, sondern:

---

149 *Hartmann*; auch bei Enquete der Reformbewegungen in der Katholischen Kirche Österreichs, Wien 27.11.2010.

- Respekt vor (einem monotheistischen) Gott, auch wenn er ihn – als Agnostiker – nicht erkennt,
- die Beachtung eines auf der ganzen Erde gültigen Weltethos (zu dem auch der Respekt vor anderen Religionen gehört) und
- eine entsprechende Gewissensbildung.

Ich wiederhole hier nochmals aus Kapitel 7.4, weil es so wichtig ist:

Als Mitglieder der katholischen Kirche haben wir die Chance, leichter einen Weg zu Gott zu finden, wenn wir diesen Weg suchen und mit Hilfe der Kirche entlanggehen.

(2) Weltethos

Das Weltethos ist die Formulierung eines Grundbestandes an ethischen Normen, den alle großen Religionen und Kulturen in ihren ethischen Traditionen wiederfinden und teilen. Die Grundüberzeugungen des von *Küng* initiierten Projektes Weltethos sind:
- kein Zusammenleben auf unserem Globus ohne ein globales Ethos,
- kein Frieden unter den Nationen ohne Frieden unter den Religionen,
- kein Frieden unter den Religionen ohne Dialog zwischen den Religionen,
- kein Dialog zwischen den Religionen und Kulturen ohne Grundlagenforschung,
- kein globales Ethos ohne Bewusstseinswandel von Religiösen und Nicht-Religiösen.[150]

»Diese eine Welt braucht ein Ethos; diese eine Weltgemeinschaft braucht keine Einheitsreligion und Einheitsideologie, wohl aber einige verbindende und verbindliche Normen, Werte, Ideale und Ziele.«[151]

1993 trafen sich in Chicago Vertreter vieler Weltreligionen, um ein Regelwerk zusammenzustellen, das die Menschenrechts-

---

150 Ähnlich Walter Kasper: Der Friede zwischen den Völkern muss als Friede zwischen den Religionen seinen Anfang nehmen. Die Ökumene als Modell. Mir mitgeteilt von meinem Freund Hans Marte.
151 *Küng*, Wissenschaft und Weltethos.

erklärung von 1948 ethisch begründen sollte.[152] Sie einigten sich auf vier Weisungen:
Verpflichtung auf eine Kultur
- der Gewaltlosigkeit und der Ehrfurcht vor dem Leben,
- der Solidarität und eine gerechte Wirtschaftsordnung,
- der Toleranz und ein Leben in Wahrhaftigkeit,
- der Gleichberechtigung und Partnerschaft von Mann und Frau.

Die Grundforderung lautet: Jeder Mensch muss menschlich behandelt werden. Ferner gilt als Gemeinsamkeit die Goldene Regel (im Sprichwort: Was du nicht willst, dass man dir tu', das füg' auch keinem andern zu).[153]

(3)Leben auf anderen Welten?

Die Astronomen und die Physiker können nicht ausschließen, dass auf anderen Welten uns ähnliche Lebewesen leben. So, wie die katholische Glaubenslehre so aufgestellt sein sollte, dass sie durch einen eventuellen Nachweis, dass Jesus nicht leiblich in den Himmel aufgefahren ist, nicht völlig aus dem Gleichgewicht geworfen wird, sollte sie auch so aufgestellt sein, dass da Platz ist für außerirdische Lebewesen, die entweder erlöst sind oder auch nicht.[154] Eine konsistente Glaubenslehre sollte über den Tellerrand hinweg schauen. Ein weiterer Fall Galilei wäre der katholischen Kirche nicht dienlich.

---

152 Vgl. *Steindl-Rast*, 232.
153 *WP*, Weltethos, 20.3.11.
154 Schwager, 255.

8 Zusammenfassung

8.1 Kritik

»Wenn ein Mensch seine Kirche liebt, muss diese auch sachliche Kritik vertragen«.[155] Daher fasse ich hier meine Kritik am von der Amtskirche gelehrten katholischen Glauben in aller Kürze wie folgt zusammen:
(1) Dieser Glaube ist mit naturwissenschaftlichen Erkenntnissen teilweise unverträglich; er ist manchmal in naturwissenschaftlicher Hinsicht ein Wunderglaube, wenn nicht sogar Aberglaube im Sinne von Kant[156].
(2) Dieser Glaube ist mit rationalem Denken unverträglich und ein blinder Gehorsamsglaube insofern als:
- teilweise Anspruch auf Verkündigung der absoluten Wahrheit (Dogmen!) erhoben wird,
- die Botschaft Christi teilweise in rational nicht nachvollziehbarer Weise, begründet bloß auf Überlieferung und Tradition, die sich im Laufe der Kirchengeschichte verändert hat, erweitert, konkretisiert und damit teilweise verkehrt wird,
- kirchliche Gebote keinen Freiraum für Gewissensentscheidungen lassen.

Die Argumentation der Amtskirche ist teilweise nicht nachvollziehbar und von unüberbietbarer Spitzfindigkeit. Der Anspruch, die Wahrheit zu besitzen, ist eine überhebliche Anmaßung. Für Naturwissenschaftler wird Wahrheit nur im Lichte naturwissenschaftlicher Argumente und im Bewusstsein, dass jedes so gefundene Ergebnis keine Wahrheit ist, sondern mit neuen Erkenntnissen möglicherweise anzupassen ist, gefunden. Bei der Suche nach theologischer Wahrheit ist das ähnlich, allerdings mit dem Unterschied, dass dabei der Hl. Geist in nicht nachprüfbarer Form Hilfe leistet.[157]

---
155 Dies sagte mir Weihbischof Krätzl bei einem Gespräch am 25.5.2011.
156 *WP*, Aberglaube, 1.8.11.
157 *Kippenhahn*, 124 drückt diesen Vorgang der Suche nach gesicherten Erkenntnissen mit Hilfe von Fakten und Argumenten am Beispiel der Weltinselhypothese so aus: Der eine Astronom benutzte zwar viele richtige Argumente, kam aber zum falschen Ergebnis, der andere Astronom gebrauchte schwache, gelegentlich sogar falsche Argumente, kam aber zum richtigen Ergebnis, wie später bewiesen wurde.

(3) Dieser Glaube ist insofern mit der Botschaft Christi unverträglich als aus der Nichteinhaltung von kirchlichen Geboten abgeleitete Strafen keinen Freiraum für Gottes Güte und Barmherzigkeit lassen.
(4) Die Kirche muss zur Kenntnis nehmen, dass sie zu jeder Zeit mit Teilen ihrer Lehrmeinungen falsch lag und von der Entwicklung der Gesellschaft und dem Fortschritt der Wissenschaft überrollt wurde. Wie falsch die Kirche heute liegt, wird sich in Jahren oder in Jahrzehnten oder vielleicht auch erst in Jahrhunderten herausstellen.
(5) Die Kirche sollte auch klarer unterscheiden, was fundamentaler Glaubensinhalt ist und was offen bleibt, weil keine gesicherten Glaubensgrundlagen existieren.

8.2 Wesentliche Glaubensinhalte

Wie ich schon in der Einleitung feststellte, geht es mir um die Darstellung des katholischen Glaubens in verständlicher Art und Weise, ohne Strapazierung der naturwissenschaftlichen Gesetzmäßigkeiten. Betrachtet man das Apostolische Glaubensbekenntnis (Credo), ist fast ein Drittel davon in seiner Wortbedeutung damit nicht verträglich. Deshalb fasse ich nun in komprimierter Form zusammen, was der wesentliche Glaubensinhalt, dargestellt in fünf Aussagen, aus meiner Sicht ist[158]:

(1) Es gibt einen Gott, der das Universum mit all seinen Gesetzmäßigkeiten und als Ergebnis damit den Menschen geschaffen hat. Alles deutet darauf hin, dass Gott, in einem Akt der Selbstbeschränkung seiner Allmacht, in den Ablauf der von ihm geschaffenen Naturgesetze nicht eingreift.

(2) Es gibt einen Gott, der, geboren aus menschlichen Eltern, auf diese Welt kam, um den Menschen eine Botschaft zu überbringen, den Weg des Leidens gegangen ist, gekreuzigt wurde, gestorben ist, begraben, doch erhöht wurde, in Fülle lebt und zu einer alles heilenden Kraft geworden ist. Dieser

---
158 Einige Gedanken von *Lenaers*, 251 übernommen.

Gott wird die ganze Menschheit zur Vollendung führen.

(3) Es gibt einen Gott, der als Lebensatem inspirierend in uns wirkt, der Quell aller Gnade ist und den Menschen befähigt, den Willen Gottes zu erkennen.

(4) Es gibt eine allumfassende Kirche als Gemeinschaft, in der Christus in der menschlichen Geschichte weiterlebt, insbesondere durch die gemeinsame Eucharistiefeier.

(5) Es gibt das Angebot Gottes, uns zu heilen, zu einer neuen Schöpfung zu machen und mit ihm nach unserem Tod in seiner Herrlichkeit zu leben.

8.3 Handlungsbedarf

Mit vielen anderen sehe einen Handlungsbedarf der Amtskirche in dreifacher Hinsicht:
- Entrümpelung bzw. Differenzierung des Glaubens (Katechismus, Credo); die Entrümpelung des Credos stellt allerdings insofern ein Problem dar, dass sie gemeinsam mit der Orthodoxie durchgeführt werden müsste,
- Demokratisierung der Struktur der Amtskirche in der Richtung, dass Laien allgemein und Bischöfe bei der Papstwahl mehr Mitwirkungs- und Mitentscheidungsrechte bekommen (Änderung CIC),
- entsprechende Konsequenzen daraus im Leben der Gemeinden (Liturgie, Ämter).

Es wäre klug von Rom, für viele Glaubensinhalte den Wahrheitsanspruch zu relativieren, und zwar möglichst bald, da sich erhebliche Relativierungserfordernisse abzeichnen. Es wäre klug von Rom, den Kopf nicht in den Sand zu stecken.

Je klarer der wesentliche Glaubensinhalt und die dahinter stehenden Ziele definiert sind, desto leichter sind Anpassungen möglich. Bei der derzeitigen Regelungsdichte ist gerade das nicht gegeben.

8.4 Postscriptum

Ohne den Reformbedarf jetzt zu relativieren, muss ich doch feststellen, dass heute in der katholischen Kirche genügend Freiraum besteht, seinen eigenen Reformkatholizismus zu leben: wir brauchen keine Sanktionen und Strafen fürchten, wir werden nicht mehr der Inquisition unterworfen, wir sind viele Gleichgesinnte, wir haben den Zugang zum Leben in Gemeinden bzw. Gemeinschaften, wir haben den Zugang zu den Sakramenten und niemand braucht sich fürchten, dass er zu ewiger Verdammnis verurteilt ist, wenn er gewisse Gebote der Amtskirche nicht beachtet. Dieser Zustand ist zwar ein Trost, zeigt aber die Doppelbödigkeit, in der die Amtskirche gefangen ist.

Eines ist allerdings immer Voraussetzung: der Glaube, und den muss jeder Mensch selbst wollen. Dass das nicht einfach ist, zeigt das Beispiel des Historikers und Philosophen Kurt Flasch, dessen Glaube, aus einem katholischen Haus kommend und den Katholizismus unter Hitler erlebend, mit zunehmenden Jahren und zunehmender Erkenntnis letztlich an mangelnden Primärquellen für die Existenz Jesu gescheitert ist.[159]

---

[159] Nur wenn die Nazis kämen, würde ich wieder katholisch, Salzburger Nachrichten 4.1.2011.

9 Schlussbemerkungen

All das, was ich hier recherchiert und überlegt habe, ist unter dem Aspekt zu sehen, dass es ein Versuch ist, der Wahrheit näher zu kommen, aber keinen Anspruch erhebt, die Wahrheit zu sein. Die Zeit und die Forschung und neue Einsichten relativieren immer wieder unseren Wissenstand und das, was manche als Wahrheit bezeichnen. So wie wir heute den Kopf schütteln über die Lehrmeinungen der Kirche in den letzten Jahrhunderten, so werden unsere Nachfahren mit Sicherheit den Kopf schütteln über manches, worauf die Kirche heute noch immer beharrt. Manches wird bedeutungslos werden, manches, bisher noch nicht vorhergesehen, wird Bedeutung erlangen.

Bei aller Reformnotwendigkeit gilt aber auch zu bedenken, dass es viele Gläubige gibt, die mit der katholischen Glaubenslehre, so wie sie derzeit verkündigt wird, in unkritischer Zufriedenheit sehr gut leben, und für die eine Welt zusammenbricht, sollte die Kirche in der Glaubenslehre massive Reformen durchführen. Natürlich ist allen Katholiken, die nicht ohne weiteres langjährige Glaubens- und Denkmuster aufgeben wollen und können, ausdrücklich vollster Respekt zu zollen. Es wird daher notwendig sein, die Glaubenslehre schrittweise so zu gestalten, dass sich sowohl Traditionalisten als auch Rationalisten mit ihr identifizieren können. Dazu wird die Amtskirche ihr engmaschiges und teilweise sehr spitzfindiges Argumentationsnetz weiter und runder gestalten und dem Gläubigen mehr Freiheiten und mehr Selbstverantwortung zugestehen müssen. Wichtig wird dabei sein, schon bei der religiösen Erziehung der Kinder die Weichen weg von einem mechanistischen Wunderglauben hin zu einem Glauben, dessen Wunder durch Christus und die Gnaden im Inneren des Menschen Wirklichkeit werden, zu stellen. Die Kirche muss sich auch klar werden, dass ihre Sanktionen und Strafen, niedergeschrieben im CIC, völlig wirkungslos und nur mehr kontraproduktiv sind, jedenfalls für Laien. Sie kann durch keine Kirchenstrafe einen Menschen von der Erlösung ausnehmen. Das ist Sache Christi. Daher sind die Strafen auf ein absolutes Minimum zu reduzieren, ja vielleicht vollständig zu eliminieren.

Die Kirche ist beim gegebenen Reformstau hinsichtlich Lehre und Struktur wahrlich nicht zu beneiden, aber selbst schuld daran, und bedarf unserer vollen Unterstützung. Bei der gegebenen Langsamkeit wird dies allerdings Jahrhunderte und die Unterstützung noch vieler Generationen brauchen.[160] Der Hl. Geist und die Treue zur Kirche werden uns Hoffnung geben. Ich weiß nicht, ob es diese Amtskirche mit ihrer Reformunwilligkeit und dem Bewusstsein, die ewige Wahrheit zu verkünden, in 100 Jahren noch geben wird, aber ich bin mir ziemlich sicher, dass wir dann noch in Gemeinden mit einem/r Vorsteher/in das Evangelium hören, Eucharistie feiern und Caritas leben werden.[161]

---

160 Bei einer Umfrage unter Prominenten über notwendige Kirchenreformen 1961, also vor 50 Jahren, lieferte Otto von Habsburg eine weitsichtige Analyse, die sich wie eine Zustandsbeschreibung von heute liest. SN 11.7.2011, 7.
161 Nachdem ich diesen letzten Gedanken niedergeschrieben hatte, fand ich ihn fast wortgleich in *Trummer*, 182.

LITERATUR

Aigner, A., Die Kunst des Leitens. Erfahrungen – Einsichten – Hinweise, echter 2011
Angenendt, A., Toleranz und Gewalt. Das Christentum zwischen Bibel und Schwert, Aschendorff 2007
Audretsch, J., Die andere Hälfte der Wahrheit. Naturwissenschaft, Philosophie, Religion, C.H.Beck 1992
Autorenkollektiv, Illustrierte Hausbibel. Altes und neues Testament in der Einheitsübersetzung, Herder 1980
Autorenkollektiv, Katechismus der katholischen Kirche, Oldenbourg 1993
Autorenkollektiv, Chronik des Christentums, Bertelsmann 1999
Autorenkollektiv, Youcat. Jugendkatechismus der Katholischen Kirche, Pattloch 2011
Beinert, W., Ich hab da eine Frage, Friedrich Pustet 2002
Berger, P.L., Der Zwang zur Häresie. Religion in der pluralistischen Gesellschaft, Herder 1992
Bolz, N., Das Wissen der Religion, Wilhelm Fink 2008
Brandmüller, W., Langner, I., Der Fall Galilei und andere Irrtümer. Macht, Glaube und Wissenschaft, Sankt Ulrich 2006
Dawkins, R., Die Schöpfungslüge. Warum Darwin Recht hat, Ullstein 2010
Deschner, K.H., Kriminalgeschichte des Christentums, Bd.1-9, Rowohlt 1986-
Dirnbeck, J., Die Inquisition. Eine Chronik des Schreckens, Pattloch 2001
Ditfurth, H. v., Wir sind nicht nur von dieser Welt. Naturwissenschaft, Religion und die Zukunft des Menschen, Hoffmann und Campe 1981
Duve, C. de, Die Genetik der Ursünde. Die Auswirkung der natürlichen Selektion auf die Zukunft der Menschheit, Spektrum 2011
Dyer, G.J., Ein katholischer Katechismus, Kösel 1976
Feichtlbauer, H., Zerbricht die Kirche? Antworten eines Zuversichtlichen, Kremayr & Scheriau 1999
Fink, H., Martin Luther. Der widersprüchliche Reformator, Molden 1982
Fitzer, G., Was Luther wirklich sagte, Molden 1968
Gierer, A., Die Physik, das Leben und die Seele, Piper 1985

Grän, S., Was geschah beim letzten Abendmahl? Im Land des Herrn 1994, Heft 2
Grün, A., Womit habe ich das verdient? Die unverständliche Gerechtigkeit Gottes. Vier-Türme-Verlag 2005
Guggenberger, A., Teilhard de Chardin, Versuch einer Weltsumme, Mathias Grünewald 1963
Hagen, N., Bekenntnisse, Pattloch 2010
Hartmann, G., Wählt die Bischöfe! Ein Vorschlag zur Güte und zur rechten Zeit, Kevelaer 2010
Hasler, A.B., Wie der Papst unfehlbar wurde, Piper 1979
Haszprunar, G., Evolution und Schöpfung. Versuch einer Synthese, Eos 2009
Hawking, S.H., Expeditionen an die Grenzen der Raumzeit, Rowohlt 1993
Hawking, St., Mlodinow, L., Der große Entwurf. Eine neue Erklärung des Universums, Rowohlt 2010
Heiligenthal, R., Der verfälschte Jesus. Eine Kritik moderner Jesusbilder, Primus 1997
Huber, J., Thirring, W., Baupläne der Schöpfung. Hat die Welt einen Architekten? Seifert 2011
Jaynes, J., The Origin of Consciousness and the Breakdown of the Bicameral Mind, Boston 2000
Kasper, W., Das Evangelium Jesu Christi, Herder 2009
Kepel, G., Die Rache Gottes. Radikale Moslems, Christen und Juden auf dem Vormarsch, Piper 1991
Kippenhahn, R., Licht vom Rande der Welt. Das Universum und sein Anfang, Büchergilde Gutenberg 1984
Knitter, P.F., Die Zukunft der Erde. Die gemeinsame Verantwortung der Religionen, Kösel 1998
Krainer, A., Gott im Leid: Zur Stichhaltigkeit der Theodizee-Argumente, Herder 2005
Kohlmaier, H., Sprich weiter zu uns, Rabbuni. Jesu Wort für unsere Zeit, Tyrolia 2008
Kollmann, B., Das Grabtuch von Turin, Herder 2010
Krätzl, H., Im Sprung gehemmt. Was mir nach dem Konzil noch alles fehlt, St. Gabriel 1998
Krätzl, H., Eine Kirche, die Zukunft hat. 12 Essays zu scheinbar unlösbaren Kirchenproblemen, Styria 2007
Krätzl, H., … Und suchen Dein Angesicht. Gottesbilder – Kirchenbilder, 2. Aufl., Wiener Dom-Verlag 2010
Krätzl, H., Gott aber ist anders. Über Leiden, Tod und Auferstehung, topos plus 2011

Krotz, W., Botschaft ohne Grenzen. Eine Zusammenschau der synoptischen Evangelien, Persimplex 2011
Krotz, W., Jesus ohne Dogmen. Die christlichen Wahrheiten neu formuliert, Persimplex 2011
Küng, H., Christ sein, Piper 1975
Küng, H., Die christliche Herausforderung, Piper 1980
Küng, H., Ewiges Leben, Piper 1982
Küng, H., Credo, Piper 1992
Küng, H., Wissenschaft und Weltethos, Piper 1998
Küng, H., Spurensuche. Die Weltreligionen auf dem Weg, Piper 1998
Küng, H., Der Anfang aller Dinge, Piper 2005
Küng, H., Ist die Kirche noch zu retten? Piper 2011
Lang, B., McDannell, C., Der Himmel. Eine Kulturgeschichte des ewigen Lebens, Suhrkamp 1990
Lenaers, R., Der Traum des Königs Nebukadnezar. Das Ende der mittelalterlichen Kirche, copy us/vzw Verbum 2010
Neuner, J., Roos, H., Der Glaube der Kirche in den Urkunden der Lehrverkündigung. Neu bearbeitet von Karl Rahner und Karl-Heinz Weger, Friedrich Pustet 1971
Neusner, J., Ein Rabbi spricht mit Jesus, Herder 2007
Oberhummer, H., Kann das alles Zufall sein? Ecowin 2008
Oehler, J., Der Mensch – Evolution, Natur und Kultur, Springer 2010
Ohlig, K.H., Ein Gott in drei Personen. Vom Vater Jesu zum Mysterium der Trinität, Matthias Grünewald 1999
Page, N., Die letzten Tage Jesu. Protokoll einer Hinrichtung, Pattloch 2011
Pauser, A., Glauben ist leichter als Denken. Versuch einer persönlichen Standortbestimmung, unveröffentlichtes Manuskript, September 2010
Pfeil, H., Der atheistische Humanismus der Gegenwart, Pattloch 1959
Ranke-Heinemann, U., Eunuchen für das Himmelreich. Katholische Kirche und Sexualität, Hofmann und Campe 1989
Ratzinger, J., Salz der Erde. Christentum und katholische Kirche im 21. Jahrhundert, Deutsche Verlags-Anstalt 1996
Ratzinger, J., Jesus von Nazareth, Band I. Von der Taufe im Jordan bis zur Verklärung, Herder 2007
Ratzinger, J., Jesus von Nazareth, Band II. Vom Einzug nach Jerusalem bis zur Auferstehung, Herder 2011

Robinson, G., Cozzens, D., Confronting Power and Sex in the Catholic Church – Reclaiming the Spirit of Jesus, John Garrett 2008

Ridley, M., Alphabet des Lebens. Die Geschichte des menschlichen Genoms, Claassen 2001

Schillebeeckx, E., Jesus. Die Geschichte von einem Lebenden, Herder 1977

Schödl, I., Vom Aufbruch in die Krise. Die Kirche in Österreich ab 1945, Tyrolia 2011

Schönborn, Ch., Ziel oder Zufall? Schöpfung und Evolution aus der Sicht eines vernünftigen Glaubens, Herder 2007

Schwager, R., Jesus im Heilsdrama. Entwurf einer biblischen Erlösungslehre, Tyrolia 1996

Steindl-Rast, D., Credo. Ein Glaube, der alle verbindet, Herder 2010

Stockhammer, M., Philosophisches Wörterbuch, Magnus 1980

Theißen, G., Die Jesusbewegung. Sozialgeschichte einer Revolution der Werte, Gütersloh 2004

Theißen, G., Merz, A., Der historische Jesus. Ein Lehrbuch, Vandenhoeck&Ruprecht 2001

Tipler, F.J., Die Physik der Unsterblichkeit. Moderne Kosmologie, Gott und die Auferstehung der Toten, Piper 1994

Tomiska, J., Physik, Gott und die Materie. Wieso Wissenschaft und Glaube kein Widerspruch sind, Überreuter 2010

Trummer, P., Das ist mein Leib. Neue Perspektiven zu Eucharistie und Abendmahl, Patmos 2005

Vaart Smit, H.W.van der, Geboren in Bethlehem. Weihnachten, wie es wirklich war, Patmos 1961

Weinberg, S., Die ersten drei Minuten. Der Ursprung des Universums, Piper 1977

Wilson, I., Das Turiner Grabtuch, Goldmann 1999

Ziegler, H., Wehe euch, ihr Heuchler. Die ureigensten Worte Jesu, Walter 1993

Zulehner, P.M., Kirche – Anwalt des Menschen. Wer keinen Mut hat, hat keine Kraft zum Kämpfen, Herder 1980

Zulehner, P.M., Kirchenenttäuschungen. Ein Plädoyer für Freiheit, Solidarität und einen offenen Himmel, Kremayr & Scheriau 1997

Zwillenberg, L., Zwischen Bit und Bibel. Ein Brückenschlag im Zeitalter der Informatik, Hallwag 1986

Internet Portale:
  www.kathpedia.de
  www.wikipedia.de
  www.laieninitiative.at
  www.wir-sind-kirche.at
  www.wir-sind-kirche.de

Lebenslauf des Wolfgang Johannes Oberndorfer

28.2.1941	Geburt in Steyr/OÖ als Sohn des Dipl.Ing.Karl Oberndorfer und seiner Frau Annelise
1947-51	Volksschule in Steyr und Linz
1951-59	Humanistisches Gymnasium in Linz, Spittelwiese
1959-64	Studium Bauingenieurwesen an der TH Wien, Abschluss als Diplom-Ingenieur
1964-65	Masterstudium und Teaching Assistent an der UC Berkeley, Abschluss als Master of Science in Structural Engineering
1965-66	Statiker in VÖEST/Stahlbau, Linz
1966-76	Angestellter der Baufirma Mayreder in Linz, tätig als Abschnittsbauleiter, Statiker, EDV-Abteilungsleiter
1966	Promotion zum Doktor der technischen Wissenschaften an der TU Wien
1969	Verehelichung mit Christine, geb.Mittendorfer, 3 Kinder, 3x2 Enkel
1970	Befugnis eines Zivilingenieurs für Bauwesen
1970	Eintragung als allgemein beeideter gerichtlicher Sachverständiger für Hochbau und Tiefbau
1975	Verleihung der Lehrbefugnis als Hochschuldozent für Bauwirtschaftliche Informationssysteme an der TU Wien
1976-81	Angestellter der Baufirma STUAG in Wien, tätig als EDV-Abteilungsleiter und später als Prokurist für den Technischen Innendienst
1981-04	o.Univ.Prof. für Bauwirtschaft und Planungstechnik an der Fakultät für Bauingenieurwesen der TU Wien
1987	Gastprofessur an der ETH Zürich
1988	Gastprofessur an der ETH Zürich
1995	Gewerbeberechtigung als Baumeister
2001	Sabbatical in Schweiz, England, USA und Deutschland
2004 -	Freiberuflicher Wissenschafter (Gutachten, Publikationen [Professor in Unruhe])

Charakterisierung meiner religiösen Entwicklung:

Volksschulzeit: Jungscharmitglied, Ministrant, Sternsinger
Mittelschulzeit: Mitglied KMJ im Studentenwerk Linz, von den Jesuiten geführt; Gruppenführer
Lebensbünde:
- katholische akademische Verbindung Norica zu Wien
- Marianische Kongregation Wien, von den Jesuiten begleitet

Pfarrliche Funktionen: Pfarrgemeinderat, Lektor, Kantor, Jugendführer

Mitgliedschaften:
- »Der Kreis«, christliche Universitätslehrer an der TU Wien
- »Aktion Leben«
- Reformbewegung „Laieninitiative"
- »Gruft/Obdachlosenfürsorge« der Caritas in Wien, seit 1991 freiwilliger Helfer, 2010 Verleihung der St. Elisabeth-Medaille

Pilgerreisen:
- Lourdes und Fatima 1959
- Auf den Spuren Jesu im Hl. Land 1992, 2000
- Zum Hl. Jahr in Rom 2000
- Assisi 2002